ASTROLOGÍA
ÁNGELICAL

Gloria Garrido

ASTROLOGÍA
ÁNGELICAL

Descubre cuál es el ángel
que te guía y te protege

DIANA

Obra editada en colaboración con Grup Editorial 62, S.L.U. – España

© de las ilustraciones: Shutterstock
Diseño de la portada: Adrià Moratalla Castro

© 2015, Gloria Garrido

© 2015, Grup Editorial 62, S.L.U. – Barcelona, España

Derechos reservados

© 2015, Editorial Planeta Mexicana, S.A. de C.V.
Bajo el sello editorial DIANA M.R.
Avenida Presidente Masarik 111, Piso 2
Colonia Polanco V Sección
Deleg. Miguel Hidalgo
C.P. 11560, México, D. F.
www.planetadelibros.com.mx

Primera edición impresa en España: abril de 2015
ISBN: 978-84-15864-46-2

Primera edición impresa en México: septiembre de 2015
ISBN: 978-607-07-3046-7

Impreso en los talleres de Litográfica Ingramex, S.A. de C.V.
Centeno núm. 162-1, colonia Granjas Esmeralda, México, D.F.
Impreso en México – *Printed in Mexico*

Contenidos

Agradecimientos

Gracias a Ángel, mi marido, sin cuya paciencia y dedicación no habría podido escribir este libro.

A mi hermano Julián, por la bibliografía sobre ángeles que encontró para mí en su librería. A mi hermana Luisa por su revisión de algunas partes del texto. A mis amigas Alma, Mónica, Mariví y Marutxa, que me dieron ánimos y han sido las primeras lectoras de la obra. También a mis editoras, Vanessa y Eva, por confiar en este proyecto.

Doy gracias a los ángeles silenciosos que nos acompañan en todo momento y les ruego extiendan ahora sus luminosas alas para que este libro prospere, cumpla su destino y los lectores encuentren en sus páginas aquello que buscan.

1.

«Tú, mi Señor y Príncipe, mi ángel sacrosanto, mi
precioso ser espiritual. Tú eres el Espíritu que me
alumbró y el hijo que mi espíritu alumbra... Tú,
que estás revestido de la más brillante de las luces
divinas, manifiéstate a mí en la más bella de las
epifanías, muéstrame la luz de tu rostro resplan-
deciente, sé para mí el mediador... Aparta de mi
corazón las tinieblas de los velos...»

SOHRAVARDÎ
El libro de las conversaciones

Ángeles entre nosotros

Moradores de los espacios invisibles, descritos como espejos transpa-
rentes donde se refleja la majestad de Dios, los ángeles son interme-
diarios entre el cielo y la tierra, dispuestos siempre a cumplir con su
función de transmitir los designios divinos. De hecho, el término con
que los designamos, «ángeles», procede de la palabra griega *aggelos*
(pronunciado *anguelos*) que significa «mensajero», al igual que el voca-
blo hebreo *malaj*, o el árabe *malak*: «portador de buenas nuevas». Su
nombre obedece en realidad a su función. Pues la mayoría de sus apari-
ciones registradas por las llamadas religiones del Libro, hebrea, católica
e islámica, tienen que ver con esta misión de comunicarnos noticias,
órdenes o planes del Ser Supremo.

Si bien, según las escrituras sagradas, los ángeles también se ocupan de la vida mineral, vegetal y animal en toda la Creación. Son ellos quienes median para que las nubes se transformen en lluvia, los vientos soplen esparciendo las semillas, las estrellas y planetas continúen en sus órbitas... En realidad podría decirse que nada crece en la tierra o se mueve en el firmamento sin su intervención.

¿De qué están hechos los ángeles? En el Antiguo y Nuevo Testamento, donde se citan más de cien veces, aparecen a la vista del ser humano de múltiples formas, como luces resplandecientes, carros de fuego, voces interiores, imágenes en sueños, y también como hombres bellísimos de aspecto andrógino y vestidos con túnicas resplandecientes o como seres alados. Parecen dotados de poderes y sabiduría sobrenaturales aunque limitados, pueden obrar milagros en un instante, son capaces de sanar, ayudar o mostrar el camino a seguir. Son espíritus de luz, fuerza y energía, que no pueden tener hijos si no es abandonando su condición angélica. Existen en número incontable y alaban continuamente al Creador rodeando su Trono.

De niños solemos creer en los ángeles al igual que creemos en las hadas. Aprendemos oraciones según las cuales «cuatro angelitos guardan cada esquina de la cama». Al crecer, la sensación de esta cercanía con los seres invisibles se desvanece de la memoria. La presencia angélica llega a ser simplemente una anécdota. Como cuando se hace un silencio repentino en una conversación y se dice: «Ha pasado un ángel». A pesar de este olvido, o incluso precisamente por él, los ángeles parecen trabajar día y noche desde el mundo invisible para abrir un resquicio por el que colarse en nuestro caparazón racional. Y es sólo en ciertas ocasiones, al encontrar al azar algo que buscamos y necesitamos desesperadamente, al cruzarnos fortuitamente con alguien que luego llega a ser muy querido, o cuando en los momentos de mayor pesadumbre, pérdida o enfermedad obtenemos consuelo, recuperamos la esperanza y esbozamos una sonrisa, entonces, quizá sólo por unos instantes, nos acordamos de nuevo de los ángeles, volvemos a tener fe, porque ¿quién si no ellos podría hacer posible lo imposible? ¿Quién si no ellos podría realizar el milagro de la Misericordia Divina?

EN BUSCA DE LA NATURALEZA PERFECTA

Las grandes tradiciones religiosas y esotéricas creen que la relación entre ángeles y seres humanos comenzó en el Paraíso. Antes incluso de que Adán y Eva abandonaran su vestimenta de luz para adoptar el traje de su tentador, la serpiente. Aun antes de que se decidieran a probar los frutos del árbol del bien y del mal.

Conocido como «la Caída», el error de nuestros primeros padres tuvo como resultado su destierro del Edén. Algunas tradiciones esotéricas sostienen que la Caída fue diseñada por el propio Creador. Al parecer era necesario que Adán perdiera la inocencia primordial para ser testigo, en nombre de Dios, de las vicisitudes de la materia. Ya fuera resultado de una libre elección, o bien fuera su destino, su «pecado» catapultó a Adán a esta tierra donde la fatiga, el olvido y el desasosiego son sus compañeros. La tradición cabalística dice que Dios no quiso abandonar a Adán ni a su descendencia sin la posibilidad de recuperar su Naturaleza Perfecta. Envió entonces a los ángeles a la Tierra para inspirar al ser humano el anhelo por retornar al hogar y recuperar su ser de luz original. Un retorno a casa que los hijos de Adán siguen intentando, aun sin saberlo. Y que pasa por superar sus tendencias negativas: el odio, la envidia, la violencia, la codicia, la desidia y todo aquello que les impide vivir en paz y felices.

Convertidos en custodios de esta cruzada, los ángeles tratan de ayudarnos. Nos inspiran buenas intenciones, nos cuidan desde que nacemos con una solicitud y ternura especiales y liberan nuestro pecho del peso que lo asfixia ante el sufrimiento o la desesperanza. Ése es el auténtico regalo del cielo: mostrarnos el camino para recuperar la esencia luminosa que anida en nuestro interior aunque no seamos conscientes de ella. Una legión de seres invisibles y silenciosos, pero tan próximos a nosotros como el aire que respiramos, espera a que con sentimientos, pensamientos y actos sinceros reclamemos ese don. Tan sólo hemos de aprender a escuchar sus consejos y solicitar su ayuda.

En *El horóscopo de los ángeles* se explica al lector cuáles son sus ángeles tutelares según la fecha de su nacimiento. Qué mensaje le envían. Qué dones le otorgan. Qué profesión será más fácil para él desempeñar. O qué desafíos espirituales le esperan. Además de una breve historia de la angelología según las tres grandes religiones, y una explicación sobre los coros y jerarquías celestiales, o las visiones de místicos de todos los tiempos, encontraremos también información sobre el origen cabalístico de los 72 ángeles del horóscopo. Qué ángeles están más próximos a la Tierra y al ser humano cada día del calendario. Cómo hacer un altar angélico para atraer su protección. A qué horas y cómo es mejor invocarlos, o qué peticiones nos pueden conceder. No es preciso ser creyente de una religión para acercarse a estos seres invisibles. Basta tener fe en ellos y anhelar la conexión con su energía para que su ayuda se materialice y nos convirtamos en acreedores de las bendiciones y favores que nos reservan.

2.

«Tú eres el ave cuyas alas vi
al despertar llamando en plena noche (...)
Tú eras la sombra que dormía en calma,
Todo sueño levanta en mí tu germen:
tú eras imagen, pero yo soy tu marco
que te completa en fúlgido relieve...»

RAINER MARÍA RILKE

El libro de las imágenes
«Ampárame bajo la sombra de tus alas»

SALMO 16:8

Seres alados
en todas las culturas

Las entidades protectoras son un elemento común a todas las religiones politeístas. Etéreas e invisibles en algunos casos, en otros la iconografía y el arte las muestran con alas, elemento sutil, símbolo de elevación y ligereza espiritual. En el siglo IV a. J.C., los sumerios situaban a la entrada de templos y palacios esculturas de seres alados llamadas *sukalli*, representaciones de dioses menores que derraman sobre las copas de los reyes el «agua de vida celestial». Isthar, la diosa mesopotámica de la sexualidad, también estaba dotada de alas. Y lo mismo ocurría con los grifos, conocidos como *karibu*, vocablo al que debemos la palabra «querubines», seres mitológicos, mitad leones mitad águilas que, situados en las puertas de templos y palacios, velaban los tesoros de dioses y humanos. No es casual que Dios ubicara a las puertas del Paraíso un querubín con espada de fuego para custodiar el Árbol de la Vida. O que dos querubines de oro macizo escoltarán el Arca de la Alianza (Ex. 25:18).

En Persia, el zoroastrismo (s. II a. J. C.) contaba con seis entidades etéreas, los *Amesha Spentas*, antecesores de los arcángeles hebreos. Los nombres de los *Amesha* personificaban un atributo de su dios Ahura Mazda, y cada uno de ellos protegía la vida en la Tierra y hacía progresar a los seres humanos.

Las alas eran también símbolo de poder ultraterreno en el antiguo Egipto y algunos dioses las lucían. Es el caso de Ba, presente en los ritos funerarios por ser el conductor de los difuntos en el otro mundo. O de la diosa Isis, dispensadora de favores y fertilidad.

En Grecia hallamos al veloz Hermes, con alas en el casco y los talones, y a la alada Iris, ambos mensajeros de Zeus. O al espeluznante monstruo Tifón, que desataba huracanes y tempestades con un batir de sus enormes alas. Sin alas pero como genios tutelares, los griegos tenían, según el filósofo Platón, un *daimon*, una entidad entre el mundo visible y el invisible, que los acompañaba durante toda su vida y aún después de muertos a través del Hades. Idea heredada probablemente por los romanos, cuyos *numenes*, espíritus guardianes, prestaban su guía o provocaban infortunios.

Al norte de Europa, celtas y germanos veían a los cisnes como aves proféticas que transportaban volando el alma de los difuntos. Las capas de bardos, poetas y músicos estaban confeccionadas con plumas de esta ave. Por su parte, elfos y hadas componen otro grupo de seres luminosos y alados que prestaba su auxilio a los pueblos nórdicos.

Un manto de plumas era asimismo la investidura celestial reservada en China a los inmortales taoístas capaces de volar. Mientras que en el

Tíbet se cree que los *bodisatvas*, seres superiores liberados del círculo de la reencarnación, son semejantes a ángeles y que escogen en virtud de su gran compasión regresar a la Tierra para enseñar, sanar y guiar a los mortales. Quienes aseguran haberlos visto los describen con un aura de brillante luz que emana paz y armonía. Por su parte, en el sintoísmo japonés se dan las claves para comunicarse y vivir en paz con los *kami*, genios de los tres mundos, celeste, terrestre y subterráneo.

En el *Pañacavimca Brahmana* (IV, I, 13), antiguo texto hindú en sánscrito, se dice «aquel que comprende tiene alas». Aparte de entidades como *Ghandharvas*, músicos celestes que entonan canciones loando la armonía del mundo, y los *Nagas* cuya energía positiva dirige la Creación, encontramos en esta religión seres alados como los *Kinpuruch*, ayudantes de los dioses, o los *Fereshta*, protectores que avisan a la humanidad de los peligros que la acechan. Sin olvidar al dios pájaro *Garuad*, que contiene las tempestades y protege a las mujeres durante su embarazo.

Al otro lado del Atlántico, los tocados de los chamanes indios de Norteamérica nos hablan también de la creencia en el poder espiritual de las plumas. Y en Centroamérica hallamos a Quetzalcóatl, la serpiente emplumada de los mayas, aztecas y toltecas. Mientras que más al sur los incas rinden culto a Viracocha, dios que va acompañado del pájaro Inti, al que se le atribuyen el don de la videncia y la profecía. En cuanto a África u Oceanía, muchas de las religiones animistas que en estos continentes pululan cuentan con la noción de gemelo invisible o tótem protector, que puede ser desde un animal terrestre a un pájaro alado.

Fue Platón (s. IV a. J.C.) quien, al tratar la cuestión del alma en el diálogo *Fedro*, dijo que la fuerza de las alas consiste en llevar hacia arriba lo pesado, elevándolo hacia el lugar en donde habitan los dioses. «Lo divino es hermoso, sabio y bueno y esto es lo que más alimenta y hace crecer las alas; en cambio lo vergonzoso, lo malo... las consume y las hace perecer.»

Heredera de esta concepción, la cultura europea ha seguido considerando las alas como un símbolo de elevación hacia lo sublime, un instrumento que representa el anhelo de trascender la condición humana y acceder a las regiones celestes.

No es de extrañar, pues, que aún en nuestros días la imaginación popular evoque a los ángeles como espíritus alados y aéreos capaces de transportarnos en un vuelo místico más allá de las nubes, hacia las moradas celestiales.

3.

Presencia angélica en las religiones del Libro

Los ángeles son cuestión de fe para todas las religiones monoteístas, judaísmo, cristianismo e islamismo. En los textos sagrados de todas ellas encontramos abundantes respuestas a las numerosas preguntas que suscita la existencia de estos seres. Tan sólo algunas cuestiones dividen a los teólogos. Una es averiguar el momento en que fueron creados, ya que en ninguna parte se consigna. Los rabinos hebreos sostienen que fue en el segundo día del Génesis, al hacerse la luz. También así debería haber sido según el islamismo, pues esta religión sostiene que están hechos de luz, aunque no todos los ángeles fueron creados a la vez ni el mismo día. Por su parte, en el cristianismo, teólogos como san Agustín

(354-430 d. J.C.) argumentan que si son los primeros seres en grado, debieron de ser también los primeros en ver la luz, y por tanto fueron creados el primer día.

Es también espinoso saber cuántos ángeles hay. Se cuenta que mientras los turcos otomanos tomaban Constantinopla en 1453, los teólogos debatían cuántos ángeles caben en la punta de un alfiler. Aunque en este caso existe suficiente información en los textos sagrados, según los cuales hay «millares de miríadas» y «miríadas de miríadas» (Dn. 7:10 y Sal. 68:18). Determinar su sexo tampoco fue asunto baladí. La mayoría de los textos sagrados del judaísmo y el catolicismo hablan de ángeles masculinos, aunque en el *Zohar*, libro de la Cábala hebrea, los hay masculinos y femeninos.

Por último, otra cuestión que sigue creando dudas atañe a su naturaleza. En el Nuevo Testamento se dice expresamente: «Todos ellos son espíritus» (He. 1:14). Pero ¿cómo explicar entonces que aparezcan bajo forma corporal? Tras muchas disquisiciones, los teólogos cristianos decidieron que su naturaleza podría ser doble, una teoría avalada según algunos por el Salmo 104:4 donde se dice: «Haces que tus ángeles sean veloces como los vientos –naturaleza espiritual– y tus ministros activos como fuego abrasador –cuerpos».

A CADA MISIÓN UNA FORMA

En realidad, la forma que adoptan los ángeles es tan variada como su cometido y parece adaptarse a la misión que han de cumplir. Tres personajes vestidos de blanco –color que simboliza la inmortalidad– acuden a la puerta de Abraham, que los agasajó con agua, pan y un cordero que parecen comer (Gn. 18:3). Unas tradiciones dicen que en realidad eran Miguel, Gabriel y Rafael, otros que uno era el mismísimo Yahvé, y que los otros dos, tras anunciar al patriarca el nacimiento de un heredero largo tiempo deseado, Isaac, continúan su viaje hasta Sodoma y Gomorra, donde el justo Lot les da cobijo y los salva de la violencia ciudadana (Gn. 18:3 y 19:1).

Otras veces son simplemente ejecutores que dejan constancia con sus obras, como el ángel exterminador que descarga la décima plaga sobre Egipto (Ex. 12:23). Otras, protectores, y convertidos en una nube densa ocultan el pueblo de Israel del ejército del faraón, durante el pasaje del mar Rojo (Ex. 14:19-20 y 23:20). En ocasiones son guerreros con una espada desenvainada, como el que ve Josué antes de derribar las murallas de Jericó (Jos. 5:13). Idéntico aspecto elige el que amonesta por sus desmanes a un aterrado rey David (1C. 21:16). Más esquivo e inasible es el que lucha con Jacob durante toda una noche, hiriéndole incluso el muslo, antes de atender sus ruegos de bendecirlo y sustituir su nombre, Jacob, «Tramposo», por el de Israel, «el elegido de Dios» (Gn. 28:11-19 y 32:27-29).

Bajo el disfraz de un gallado joven benévolo y sabio el arcángel Rafael recompensa la fe y paciencia de Tobías, lo acompaña durante un arriesgado viaje, lo ayuda a ganar dinero, le enseña a curar la ceguera de su padre con la hiel de un pez y exorciza a su mujer, Sara, poseída por siete demonios. Al final se presenta: «Soy el ángel Rafael, uno de los siete espíritus principales... del Señor» (Tob. 12:15).

En otras ocasiones «el ángel del Señor» se presenta sólo como una voz. Así lo oye Agar, esclava de Abraham y madre de su hijo ilegítimo Ismael. Ambos están vagando por el desierto, desterrados por una celosa Sara, mujer de Abraham, y a punto de morir de sed, cuando una voz les indica el lugar donde hallar un manantial (Gn. 21:17). También una voz pone a prueba a Abraham ordenándole sacrificar a Isaac, pero permitiéndole salvar la vida al niño en el último momento tras comprobar su obediencia a Dios (Gn. 22:3).

En forma de llamas recompensan la fe de tres jóvenes de la nobleza israelí, amigos del profeta Daniel, cuando éstos son condenados a morir quemados por no adorar a los ídolos de Nabucodonosor (Dan. 3:3-97). Y también de fuego y llamas son los carros y caballos que raptan en vida al profeta Elías (2R. 2:11) para llevárselo al cielo ante la mirada atónita de su discípulo Eliseo. El mismo Eliseo, poco después, sería testigo de cómo otros carros y caballos de fuego celestiales deslumbran y ciegan a las huestes sirias que intentaban darles muerte a él y a su criado (2R. 6:17). Y asimismo, como con un «cuerpo de oro... rostro semejante a un relámpago y ojos como antorchas de fuego» fue el ángel que reveló al profeta Daniel acontecimientos futuros. (Dan. 10:5).

PROTECTORES Y PORTADORES DE BUENAS NUEVAS

No de fuego, pero sí resplandecientes, son los cuerpos de los ángeles que, con frecuencia, aparecen en el Nuevo Testamento, donde cumplen la función de excelentes mensajeros. Con un «resplandor de luz divina el ángel del Señor» anuncia a los pastores el nacimiento de Jesús (Lc. 2:8-12), cuyos hechos y milagros, por otra parte, desde su Encarnación hasta su Ascensión, están rodeados de estos seres luminosos. El arcángel Gabriel, el que más protagonismo cobra en el Nuevo Testamento, aparece en todo su esplendor, de pie, ante el altar donde se quema el incienso en el templo, para avisar a Zacarías del advenimiento próximo de su hijo Juan el Bautista (Lc. 1:8-22). Y también como un ser luminiscente anuncia a María la Encarnación de Jesús (Lc. 1:26-28-29).

José, sin embargo, recibe la noticia de la Concepción del Niño a través de una voz que le habla en sueños (Mt. 1:18-24). Y de nuevo mientras duerme, la misma voz le ordena huir a Egipto con el Niño y su madre (Mt. 3:3-15); o más tarde, tras la muerte de Herodes, regresar a Galilea (Mt. 2:19-23).

Protagonistas de algunas parábolas: «Cuando el mendigo muere es llevado por los ángeles al seno de Abraham» (Lc. 16:21), realizan también milagros: «En la piscina de Betsaida, ante una gran muchedumbre de enfermos (…) un ángel del Señor descendía de cuando en cuando y agitaba el agua. El primero en entrar después quedaba sano de cualquier enfermedad que tuviese» (Jn. 1:5).

Continúan protegiendo a Jesús de adulto. Tras el ayuno de cuarenta días en el desierto le sirven alimento (Mt. 4:11). Y, al principio de su Pasión, durante su plegaria en el huerto de Getsemaní, lo consuelan (Lc. 22:43). No abandonan a su suerte tampoco a Pedro, y son ellos quienes rompen sus cadenas y lo liberan de la prisión (Hch. 5:18 y 12:4-9).

Tras la Crucifixión, cuando María Magdalena y otras mujeres van a la tumba de Jesús, un «ángel del Señor, brillante como un relámpago», hace rodar la piedra del sepulcro, se sienta sobre ella y dice: «No está aquí, ha resucitado» (Mt. 28:1-6). También dos personajes vestidos de blanco explican a los apóstoles la Ascensión del Salvador y les anuncian que regresará a la Tierra un día del mismo modo (Hch. 1:10).

LAS CARROZAS DE DIOS

Mención aparte merecen los relatos de las experiencias visionarias de Isaías y Ezequiel relatadas en el Antiguo Testamento y acaecidas, según la exégesis rabínica, entre los siglos VI y VIII a. J.C. Ambas coinciden en dar amplias descripciones de extraños ángeles que conducían carros de luz donde se situaba el trono resplandeciente de Dios. Coros angélicos como los serafines y tronos, son mencionados por primera vez en ellas y detallados como seres de seis alas y cuatro caras –hombre, león, águila y toro– que, mientras mueven las ruedas de carrozas iridiscentes, alaban la Gloria de Dios (Is. 6:1-4) con gran estruendo, voces, viento huracanado y fuego (Ez. 1:4-28).

Demasiado extensas para ser reflejadas aquí por completo, dichas experiencias serían precursoras del Apocalipsis de San Juan (Ap. 4:6-7), en el que también se describen los poderes de los ángeles sobre elementos de la naturaleza como el viento, el fuego y el agua (Ap. 7:1-8, 14:18, 16:5); o se advierte de que siete ángeles anunciarán con sus trompetas el final de los tiempos (Ap. 8:9 y 15:16). Será entonces cuando el dragón del mal, finalmente encadenado, será arrojado al abismo (Ap. 20:1-3).

En el primer milenio d. J.C., estas visiones, y otras como la relatada en el libro apócrifo de Enoc, darían lugar a una escuela cabalística llamada Mercabá, «Carruaje o Vehículo de Luz». En ella, los adeptos que cumplían los requisitos morales y físicos trataban de obtener una visión semejante mediante un entrenamiento a base de ayunos, posturas físicas y repetición de nombres de ángeles o fórmulas secretas. Su fin era el viaje místico en sí mismo, aunque también podía aprovecharse para pedir a los ángeles éxito en todas las cosas.

EL VIAJE NOCTURNO DE MUHAMMAD

Cabría enmarcar en este tipo de experiencia visionaria «el Viaje Nocturno» de Muhammad (*), el Profeta del Islam. En su caso, son los arcángeles Yibril y Mijail –Gabriel y Miguel– quienes lo despiertan y hacen subir a lomos del *Buraq*, animal sobrenatural. Es transportado así, en una noche, de La Meca a Jerusalén, recorrido llamado «el Viaje Nocturno» o *Isra*; y a continuación experimenta su «Ascensión a los cielos» o *Miraj*.

En el Corán sólo se alude a este hecho en la sura 17:1. Pero el relato fue recogido en más de veintiséis *hadices* «dichos y hechos del Profeta», por el historiador Abu Ja'far Muhammad al Tabari (839-923 d. J.C.). Según éstos, en el séptimo cielo, Muhammad halló un gran árbol cuyo tronco era el ángel Samrafil, una criatura prodigiosa con setenta mil

(*) Hemos preferido adoptar la grafía Muhammad y no Mahoma para el nombre del Profeta del Islam por ser la que responde fonéticamente a la pronunciación árabe, leyendo la «h» intercalada aspirada. (N. de la A.)

cabezas y caras, setenta mil bocas en cada cara, en cada boca setenta mil lenguas y cada lengua capaz de hablar setenta mil idiomas. Otras descripciones dicen que cada una de las hojas de este árbol es una letra del Corán tallada en un trono de piedra preciosa, y que cada letra es representada por un ángel que tiene la llave de miríadas de océanos de conocimiento.

Al igual que pasó con la Mercabá en la tradición hebrea, la Ascensión «muhammadiana» iba a ser el núcleo de un entrenamiento práctico para los seguidores del sufismo extático, corriente mística islámica cuyo objetivo es perfeccionar la naturaleza humana hasta llevar el alma a sus estados más elevados de conexión con los ángeles y con Dios.

REVELAN LA ESCRITURA DIVINA

Como en las otras religiones del Libro, en el Islam la existencia de los ángeles es cuestión de fe: «... todos los creyentes creen en Dios, Sus ángeles, Sus revelaciones y en todos Sus enviados...» (2:285).

El mismo Corán es una «escritura divina, la palabra de un Noble Enviado –Gabriel– dotado de fuerza y alto rango...» (81:19-21). En algunos *hadices* se cuenta que el Profeta describió cómo, mientras meditaba en una cueva del monte Hira, Gabriel se le apareció bajo la forma de una figura imponente y deslumbradora y que: «desplegando ante mis ojos una larga tela de seda con letras doradas dijo: "Recita". "No sé recitar", respondí. Inmediatamente me cogió y estrujó mis miembros, mi boca y mi nariz contra los pliegues de esta tela con tal violencia que mi respiración quedó suspendida...».

Se dice que en ese encuentro, el primero de una larga lista de revelaciones, Gabriel enseñó al profeta algunas suras –capítulos del Corán– cuya recitación un determinado número de veces tiene poderes milagrosos: *al Fatihah* (1), *el verso del Trono* (2:255), *Ya Sin* (36) o *Al-Iklas* (112).

No fue ésta la primera vez que, según la tradición islámica, el Profeta habría tenido un encuentro con seres celestiales. Durante su niñez aconteció la denominada «apertura del pecho». Tras perderse en el desierto por un descuido de su nodriza, fue hallado con la cara pálida, y al ser interrogado contó haber sido inmovilizado por dos hombres con túnicas de un blanco cegador, semejantes a grandes pájaros, que abrieron su pecho, extrajeron su corazón, lo lavaron en la nieve y quitaron de él un coágulo negro que arrojaron lejos. Según diferentes *hadices*, una experiencia similar antecedió al Viaje Nocturno. Tras despertarlo, Gabriel y Miguel le abrieron de nuevo el pecho, sacaron su corazón, lo lavaron con agua de Samsam –el mismo manantial que salvó de morir de sed a Agar y a Ismael– y, una vez así purificado, lo llenaron de bondad, sabiduría, fe, certeza y de *islam* o «sumisión a Dios». Por último, tras cerrarle la herida, le practicaron entre los hombros una marca con el sello de la profecía.

SUS NOMBRES EN EL CORÁN

En el Corán los ángeles son citados más de cien veces. Se dice expresamente que su apariencia es hermosa (53:6). Que no tienen necesidad de comer y beber –en el episodio de Abraham habrían aparentado ingerir alimento sin hacerlo– pues su sustento es únicamente glorificar a Dios repitiendo incansablemente «*la ilaha illa Allah*», «no hay otra divinidad sino Dios» (21:20 y 41:38 y 51:26-28). Que pueden tomar forma humana aunque fueron creados con alas «... dos, tres o cuatro...»(35:1). Se especifica que rezan por el perdón de todos en la Tierra (42:5); cuidan del universo y la naturaleza y apuntan en un libro cada uno de los pensamientos, palabras y actos de cada ser humano al que acompañan durante y después de la muerte (13:11, 6:61, 43:80, 50:17-18, 82:10-11).

Aparte de Gabriel y Miguel, el Corán es más prolijo en nombres de ángeles que las Sagradas Escrituras. Se habla de Malik, guardián del Infierno (43:77), o de Harut y Marut, que advierten a los babilonios de que su interés por las artes mágicas los condenará (2:102). Y también de Malak al Mawt o Azrael, ángel de la muerte (30:12). En cuanto al Paraíso y al Infierno, ambos están custodiados por ingentes séquitos al mando de arcángeles.

Para terminar este breve repaso por la angelología de las tres grandes religiones, sólo una breve referencia a la cuestión sobre si los ángeles pueden morir. En el cristianismo se cree que son incorruptibles, es decir que no pueden perecer (Luc. 20:36). Los rabinos hebreos arguyen que sólo los ángeles caídos mueren. Mientras que en el Islam, ya sean buenos o malos, oscuros o luminosos, todos son mortales. En el Día del Juicio, incluso los cuatro arcángeles mayores, Israfil, Yibril, Mijail y Azrael habrán de morir uno a uno, aunque sólo para ser resucitados inmediatamente, pues todo en el universo es mortal excepto Dios, que es eterno.

4.

*«Si el hombre no se hallara
entre el cielo y el infierno no tendría pensamiento,
voluntad y menos aún libertad de elección,
pues todas estas cosas las tiene por el equilibrio
entre el bien y el mal»*

EMANUEL SWEDENBORG
El Cielo y sus maravillas…

Ángeles rebeldes
y ángel de la guarda

Hacia el s. II de nuestra era se comenzó a difundir la idea de que todos tenemos un ángel bueno y un ángel malo. Hallamos las primeras referencias en *El Pastor de Hermas*, obra cristiana de reminiscencias esenias escrita por Hermas, hermano del papa Pío I, que algunos códices incluyeron entre los libros del Nuevo Testamento. En ella se dice que todo hombre camina con dos ángeles sentados sobre sus hombros. Uno, el de la justicia (derecha) y el otro, el de la iniquidad (izquierda). Cada uno de ellos intenta guiar las emociones y decisiones de la persona según su naturaleza. Mientras el de la izquierda induce a ceder a los desmanes de los deseos, el bueno protege de los peligros físicos y espirituales e invita a desarrollar las inclinaciones positivas. A Hermas, el protagonista de la obra, se le aconseja comprender el mensaje de ambos ángeles pero confiar únicamente en el de la justicia. En cualquier caso, sólo las elecciones del ser humano pueden inclinar la balanza a favor de uno u otro. Nuestra voluntad y libre albedrío están asegurados.

SEPARAR EL BIEN DEL MAL

Los ángeles islámicos, Raaqib y Atid, llamados «los escribas» o los Kiraman Katibin, se sitúan asimismo sobre los hombros y registran las acciones del ser humano: las buenas, el de la derecha y las malas, el de la izquierda, pero no pueden influir en las elecciones personales.

Por su parte, el judaísmo sostiene la idea de que cada hombre recibe al nacer un espíritu bueno y otro maligno. Bien y mal están mezclados y es misión del ser humano separarlos, pues ambos ángeles intentarán atraerlo e inmiscuirse en sus asuntos, como el vino con el agua. El bueno por medio de sus buenas obras, el maligno por las malas acciones. Claro que, como en *El Pastor de Hermas,* también el judaísmo dice que el hombre ha de intentar unirse únicamente al bueno para transformar su naturaleza.

La iconografía angélica ha reflejado la creencia en los «ángeles del hombre» en numerosas ocasiones. El primer retrato del que tenemos noticia es precisamente el conocido como *Pastor de Hermas* (s. III d. J.C.), hallado en las catacumbas de Roma.

Normalmente, en las reproducciones de este tema el ángel de la derecha tiene alas y aureola, mientras que el de la izquierda aparece con un tridente. La literatura también se hizo eco de este concepto que aparece en dramas medievales como *El castillo de la perseverancia* (s. XV); o la obra renacentista *La trágica historia del doctor Fausto*, de Christopher

Marlowe (1592), donde ambos ángeles compiten en ofrecer sus consejos (acto 2, escena I).

En la mentalidad popular, el ángel bueno y el malo se han convertido en la voz de la conciencia. Y aunque la Iglesia Católica se resistió en principio a tratarlos como materia de fe, la existencia del primero parece apuntalada por las Sagradas Escrituras: «Él mandó a sus ángeles que cuiden de ti y te guarden en cuantos pasos des» (Sal. 90:11). Así como por una frase de Jesús: «Guardaos de menospreciar a uno de estos pequeños, porque yo os digo que sus ángeles, en los cielos, ven continuamente el rostro de mi Padre que está en los cielos» (Mt. 18:10). Los primeros padres de la Iglesia se pronunciaron afirmativamente al respecto. San Basilio, por ejemplo, escribió: «Cada persona tiene un ángel como protector y pastor, para conducirlo a la vida». Tuvieron que pasar ochocientos años para que, en el siglo XIII, otros teólogos como Honorio de Autum, san Alberto Magno o santo Tomás de Aquino impulsaran esta causa diciendo que cuando una persona peca, el ángel guardián no la abandona, sino que trata de llevarla al arrepentimiento y la reconciliación con Dios. Finalmente, el papa León X (1475-1521) aprobó la doctrina de la existencia de un ángel personal. Pablo V (1560-1621) difundió la creencia en dicho protector, y en 1670 Clemente X (1590-1676) instauró la celebración de la fiesta del Santo Ángel de la Guarda el día 2 de octubre.

CAÍDA DE LOS ÁNGELES REBELDES

En cuanto al ángel malo podría decirse que su principal logro ha sido hacernos creer que no existe. Un hecho sobrenatural vino, sin embargo, a disipar cualquier duda, al menos para los cristianos. Y fue protagonizado el 13 de octubre de 1884 por el papa León XIII. Al parecer, mientras estaba oficiando misa fue asaltado por una visión: «Vi demonios y oí sus crujidos, sus blasfemias, sus burlas. Oí la espeluznante voz de Satanás desafiando a Dios, diciendo que él podía destruir la Iglesia y llevar a todo el mundo al infierno si se le daba suficiente tiempo y poder (…) pidió permiso a Dios para influenciar al mundo durante cien años como nunca antes había podido hacerlo». Tras acabar el acto religioso, se encerró en su despacho y escribió una oración, rezada aún hoy al final de la misa, para implorar a Dios que deje encerrado al demonio en el abismo infernal.

Como soldado de las tropas de las tinieblas, el ángel malo sentado en nuestros hombros debe compartir sin duda la suerte de Luzbel –en hebreo Hélel, «portador de luz»–, el ángel más bello y el primero en ser creado, conocido hoy por muchos otros nombres. En la Biblia no se habla de su destierro de la corte celestial, aunque se da por hecho, pues sólo así se entiende la actuación de la serpiente en el Paraíso. En el Apocalipsis de San Juan en cambio sí se alude a la batalla librada en los cielos, al inicio de la Creación, entre el arcángel Miguel y sus legiones y el dragón: «Así fue abatida aquella antigua serpiente llamada diablo y Satanás que anda engañando al orbe y fue arrojada a la Tierra junto con sus ángeles» (Ap. 12:7-9).

Desde la epopeya el Gilgamesh asirio babilónica hasta el Prometeo griego, cuyo hígado permanentemente renovado devoran in aeternum los buitres, o el ángel caído persa, Peri, que tiene prohibida la entrada al Paraíso, todas las tradiciones antiguas señalan la presencia de un héroe solar que se vuelve oscuro y cae en desgracia a causa de su pecado.

¿Cuál fue la falta de Luzbel? ¿Qué lo indujo a cambiar el todo por la nada, la armonía por el caos, la dicha por la eterna nostalgia? La cuestión ha dado lugar a diversas hipótesis.

La más popular achaca su suerte a la soberbia que lo hizo anhelar convertirse en Dios él mismo y ser adorado: «No serviré» (Jer. 2, 20) y «Seré igual al Altísimo» (Is. 14, 14). Numerosos ángeles lo siguieron creyendo ascender así también ellos en la escala de perfección. Otra teoría aduce como motivo la envidia que lo llevó a desobedecer y no postrarse ante Cristo, pues él quería ser el Hijo de Dios.

Más explícito al respecto, el relato coránico cifra el pecado de Iblis –que así se lo llama en el Corán– en el orgullo y la ira, pues en este caso no quiso postrarse ante Adán por considerarse mejor. Y retó a Dios: «Concédeme una prórroga hasta el Día del Juicio y te demostraré que... he de hacerles grato todo cuanto es perverso en la Tierra y los induciré a caer en el error». «Sea –dijo Dios– aunque te advierto: no tendrás poder sobre mis criaturas, excepto sobre aquellas que (...) te siguen por voluntad propia...» (2:34, 7:11-12-13, 15:30-40, 17:65).

Libros apócrifos como *La vida de Adán y Eva* (siglos II y III) apuntan que fue la envidia la que llevó al ángel caído a tentarlos. Aunque en el Génesis (5:23) se apunta hacia la lujuria como posible causa, pues algunos ángeles consideraron hermosas a las hijas de los hombres, se enamoraron de ellas, las tomaron por esposas y les enseñaron todo tipo de artes. También tuvieron con ellas hijos gigantes que devastaron la tierra, se volvieron contra sus padres y sembraron la maldad. Dios tuvo que enviar el Diluvio Universal para purificar la tierra de tanta iniquidad.

El mismo argumento fue ampliado con todo lujo de detalles en el *Libro de Enoc*, apócrifo del que nos han llegado tres versiones, aunque la única íntegra está escrita en etíope y ha sido preservada por la iglesia copta. Un libro que, al parecer, formó parte en los primeros siglos de nuestra era del canon de los libros bíblicos por atribuirse a Enoc, padre de Matusalén y abuelo de Noé, del que se dice «caminó con Dios y acabó siendo arrebatado al cielo en vida» (Gn. 5:23). En dicha obra se dice el número –doscientos– y nombre de los ángeles que, capitaneados por un tal Samyaza, descendieron para procrear con las hijas de los hombres y enseñarles las artes mágicas del cielo. Al igual que en la Biblia, su descendencia fueron gigantes, los *nephilim*, que amenazaron con devastar la tierra.

Otra leyenda hebrea e islámica complementa la hipótesis de la lujuria desde otra perspectiva. Su protagonista es Lilith, una figura del folclore rabínico, considerada unas veces como la primera esposa de Adán y otras, como la encarnación primordial femenina del diablo. En una versión, tras haber abandonado el Edén, Lilith se habría unido a Samael y a otros demonios. En otra habría seducido a Adán y cohabitado con él durante mucho tiempo. De cualquiera de las dos uniones habrían nacido los ángeles tenebrosos que acabaron por unirse a las hijas de los hombres. Estos ángeles lujuriosos tuvieron un triste destino, pues, según se dice en el Nuevo Testamento: «Dios no perdonó a los ángeles que pecaron, mas los precipitó a las cuevas tenebrosas del tártaro y los mantiene encerrados allí hasta el Día del Juicio» (2 P. 2:4).

EL GRAN TENTADOR

Relegado a vivir en las orillas de la noche, en el centro del caos primordial, la figura del diablo es casi una alegoría en el Antiguo Testamento para convertirse en el Gran Tentador en el Nuevo. Incita a Jesús a pecar durante su retiro en el desierto (Mt. 4:11; Lc. 4:1-13; Mc. 1:12). Y el pecado más grande, la traición de Judas, sucede bajo su influjo (Lc. 22:3; Jn. 13:26). En los cuatro evangelios se habla de los hombres malos como «hijos del diablo», y es él quien siembra la mala hierba en el campo del reino de los cielos (Mt. 13:39), o merodea como un león rugiente buscando a quien devorar (1 P. 5:8).

Algunos padres de la Iglesia, como san Agustín, opinan que Dios consintió en la existencia de los ángeles rebeldes y les permitió que nos tentaran para hacer ver a los hombres la miseria de la vida terrenal y suscitar en nosotros el deseo de la armonía celestial. Por otra parte, Dios no nos ha dejado solos ante el mal. A nuestro lado caminan los ángeles custodios, cuya fidelidad al Creador y su bondad los hace más poderosos. Para probarlo, el mismo Cristo ha sido elevado por encima de los ángeles, sean buenos o malos, y sus seguidores ungidos participarán el Día del Juicio en juzgar a los demonios (Heb. 1:4; Fili. 2:9-11; 1 Cor. 6:3.).

En cuanto a la redención de los ángeles rebeldes existen asimismo distintas opiniones. En el judaísmo se dice por un lado que hay una chispa de santidad en todo lo creado, incluso en los ángeles caídos. Quizá por ello, el Día del Juicio, la infinita misericordia de Dios extenderá su perdón a todos los seres, dando lugar a la reconciliación universal. Algunos teólogos cristianos apuestan que ese día «el último enemigo» ya no tendrá razón de existir, depondrá las armas y regresará al reino del Padre, un reino del que continuamente siente nostalgia. Otros consideran, en cambio, que el castigo será eterno, porque los demonios no desean el perdón divino, odian a Dios y a los hombres. Mientras tanto, podemos concluir con el místico y teólogo alemán Jacob Böhme (s. XVII) que «… Los ángeles del Bien y el Mal están cerca el uno del otro y, sin embargo, hay una inmensa distancia entre ellos (…) Aunque el diablo caminara millones de kilómetros para entrar en el Cielo y verlo, aún estaría en el Infierno y no lo vería» (*Mysterium Magnun*).

5.

«Las carrozas de Dios son veinte mil,
y hay miles de ángeles.
El señor está entre ellos,
como en el Sinaí, en el lugar sagrado.»

SALMO 69,17

Jerarquías celestiales

Los tres primeros siglos de la tradición cristiana fueron testigos de una intensa actividad teológica que intentaba enunciar y oficializar una doctrina tras otra. El primer Concilio de Nicea (325 d. J.C.) declaró dogma de fe la creencia en los ángeles, mientras que en el 343 el Concilio de Sárdica la abolió por considerarla idolatría. Al fin, en el 787 el Séptimo Sínodo Ecuménico estableció un culto limitado a algunos ángeles presentes en las Escrituras: Mikael, Gabriel, Rafael. A raíz de esta oficialización la devoción angélica se extendió. Y en poco tiempo había un ángel para cada cosa. Durante la Edad Media los ángeles regían los vientos, las estaciones del año, los meses y cada día de la semana. Y florecieron angelologías de autores célebres como el «doctor sutil», el escocés Duns Scoto, o el «doctor angélico», el italiano Tomás de Aquino, cuya *Suma Teológica* contiene más de cien preguntas y respuestas sobre ángeles.

Si bien todo intento de clasificar y organizar a los ángeles es deudor de *Jerarquía Celestial*, obra de Dionisio el Aeropagita. Este teólogo y místico sirio que vivió entre los siglos V y VI es llamado a menudo el pseudo Dionisio, porque al principio fue confundido con el discípulo de san Pablo, san Dionisio el Areopagita (s. I), hasta que, en el siglo XVI, sus tratados se dataron en épocas más tardías (s. V). Se dice que llevó a cabo su obra tras una experiencia visionaria. El caso es que desde san Gregorio Magno (s. VI) a san Anselmo (s. XI), pasando por Scoto y Aquino y el poeta florentino Dante (s. XIV) en su *Divina Comedia*, son muchos los que, dentro y fuera de la religión cristiana han seguido, unos con algunas variantes y otros a pies juntillas, la propuesta de este autor.

Su éxito obedece a haber basado su clasificación de la corte celestial en algunos pasajes del Antiguo y del Nuevo Testamento. Las legiones angélicas son divididas en tres jerarquías, cada una con tres coros integrados a su vez por ocho ángeles. En total 72 ángeles. Dichos coros, de mayor a menor, se sitúan en los tres cielos de los que habla la Biblia: el lugar donde Dios habita (primera jerarquía); el espacio donde se mueven el sol, la luna y las estrellas (segunda jerarquía); y la atmósfera de la Tierra (tercera jerarquía). En la Cábala cristiana, los coros celestiales tienen cada uno un regente, y a continuación exponemos su clasificación.

PRIMERA JERARQUÍA: SERAFINES, QUERUBINES, TRONOS

SERAFINES: PRIMER CORO

> *«Alrededor del solio vi a los serafines, cada uno con seis alas: dos cubrían su rostro, dos los pies y con las otras dos volaban. Cantaban a coro diciendo Santo, Santo, Santo es el Señor...»*

> ISAÍAS 6:2

El nombre *seraph* procede del griego y significa «quemar», «consumir», pues se dice que estos ángeles arden en amor a Dios. También podría venir del hebreo *ser* y *rapha* «sanador». Son los más cercanos a Dios, de cuya esencia forman parte. Sus cantos y alabanzas colman de música los cielos. Encargados de distribuir el principio de la vida, el amor divino, por todo el universo, purifican con su luz cada átomo y despiertan en nosotros el recuerdo de la intimidad con Dios.

Regente: arcángel Metatrón, Rey de los Ángeles. Hecho de fuego y 36 pares de alas. Es el escribano de Dios. Algunos teólogos rabínicos lo identifican con el patriarca Enoc, trasladado en vida al cielo y convertido allí en un ángel. También se dice que fue el que guió al pueblo de Israel en el éxodo bajo la forma de una columna de fuego.

QUERUBINES: SEGUNDO CORO

> *«Cada uno de los querubines tenía cuatro caras: de hombre, toro, león y águila (…) sus alas, unidas unas con otras, movían las ruedas de un carruaje.»*

> EZEQUIEL 10:1-22

Kérub en hebreo significa «plenitud de conocimiento». Su proximidad a Dios y su exquisita inteligencia les permite conocerlo en un modo superior al resto de los ángeles de la escala inferior. Difunden su sabiduría con generosidad. Protegen los lugares sagrados. Y sustentan la Creación, el macrocosmos y el microcosmos, la Tierra, los planetas y las galaxias, para que no sea devastada. Despiertan nuestra intuición y conciencia del infinito.

Regente: arcángel Jofiel o Zofiel, Secreto de Dios. Ser de luz resplandeciente con cabellos blancos y túnica dorada, en la mano derecha porta siete estrellas de seis puntas, símbolo de la sabiduría, y una espada flamígera sale de sus labios indicando el don de lenguas que transmite. Las tradiciones rabínicas lo hacen Príncipe de la Torah y ayudante principal del arcángel Miguel en la batalla contra los ángeles caídos.

TRONOS: TERCER CORO

> *«… Pues por Él fueron creadas todas las cosas en los cielos*
> *y la tierra, las visibles y las invisibles, sean tronos, dominaciones,*
> *principados, potestades…»*

COLOSENSES 1:16

Llamados a veces *Sedes Dei*, «Sitios de Dios». Sostienen el trono de Dios y aparecen como una esfera brillante irisada de colores. Transmiten la voluntad del Señor a las demás jerarquías. Conocen las razones últimas de las cosas y son muy rápidos en el cumplimiento de su misión: difundir las leyes divinas, instaurar la paz y la justicia y llevar el registro de lo sucedido en el cosmos. Nos otorgan el juicio necesario para elevarse y aprender a soportar el sufrimiento. Nos infunden fuerza moral para afrontar los retos de la vida. El Ángel del Sol y el de la Tierra pertenecen a esta jerarquía.

Regente: arcángel Zafkiel, Ángel de la Noche. Refulge como el bronce brillante, vestido con una túnica de lino blanco, sostiene una escribanía en su mano. Conocedor de todo lo oculto, ilumina nuestras decisiones ayudándonos a sobrepasar las pruebas de la vida.

SEGUNDA JERARQUÍA: DOMINACIONES, VIRTUDES, POTESTADES

DOMINACIONES: CUARTO CORO

Ibíd.

Colosenses 1:16

Llamados así porque dominan sobre el resto de las órdenes angélicas. Se los representa con ropajes blancos y verdes cuajados de piedras preciosas. Su grupo es más numeroso que los anteriores. Son responsables del orden y la armonía cósmicas. Reciben órdenes de los ángeles superiores y distribuyen los ministerios entre los inferiores. Sanan la vida del planeta en los reinos mineral, vegetal y animal. Protectores de los hospitales. Nos permiten conectar con la fuerza espiritual y la gnosis.

Regente: arcángel Zadkiel o Fuego de Dios, también conocido como Uriel o Ángel de la salvación. Aparece cubierto de luz blanca con cuatro alas radiantes y una túnica púrpura. En una mano sujeta un cetro y en la otra, una corona. Domina los cuatro elementos: tierra, agua, aire y fuego. Aporta riqueza material y dotes para las ciencias ocultas. Se dice que fue el que detuvo a Abraham cuando estaba a punto de sacrificar a su hijo Isaac.

POTESTADES: QUINTO CORO

Ibíd.

Colosenses 1:16

Conocidos como los «conductores del orden sagrado». Ejecutan las grandes acciones asignadas al gobierno universal del mundo y de la Iglesia, operando prodigios y milagros extraordinarios. Son representados con cascos, armaduras y espadas llameantes, pues son los ángeles guerreros. Llamados también «custodios de las fronteras» porque vigilan los límites entre el mundo espiritual y el físico. Su intervención transmuta lo negativo en positivo. Nos permiten conocer nuestro yo esencial.

Regente: Camael o Samael, Socorro y Fuerza de Dios. Representado con cuatro alas blancas inmaculadas, túnica anaranjada y una espada entre sus manos. Ante él brilla una llama resplandeciente. Ha de vigilar qué hacen los ángeles caídos y qué ocurre en el infierno. Se dice que es uno de los tres ángeles aparecidos a Abraham que castigaron luego a Sodoma y Gomorra. Es el encargado de proteger la Creación y a los seres humanos de todas las influencias negativas. Nos inspira gratitud hacia Dios y amor desinteresado hacia el prójimo.

VIRTUDES: SEXTO CORO

«Tras hacernos herederos de la vida eterna, Cristo está a la derecha de Dios, en el cielo, y los ángeles, potestades y virtudes se someten a él.»

1.ª CARTA DE SAN PEDRO 3:22

La palabra «virtud» alude a la fuerza inquebrantable de estos ángeles situados por algunos teólogos en lo más alto de la corte celestial. Representados con cara juvenil, alas y flores, a menudo se asocian a la Virgen María. Son los ángeles que acompañaron a Jesús en su Ascensión al cielo. Participan de las virtudes divinas y hacen portentosos milagros. Son muy rápidos y se cree que son ellos quienes emiten los rayos de luz solar. Con la misma prontitud elevan hacia Dios nuestras plegarias. Tienen la misión de ayudarnos a llevar a cabo nuestras aspiraciones si son justas. Y protegernos contra las mentiras.

Regente: arcángel Rafael, Dios que Cura. Protector de los viajeros, se le representa con dos alas blancas y una túnica verde-gris y sandalias.

Con un bastón en una mano y en la otra, un pez en recuerdo de la curación milagrosa, mediante la hiel de ese animal, que operó en el padre ciego de Tobías. El pez es a veces sustituido por una cantimplora y una alforja. Su misión es remedar los malos psicofísicos que nos aquejan. Se dice que fue él quien entregó un libro de curaciones a Noé tras el diluvio; alivió el dolor de la circuncisión de Abraham; curó la cadera de Jacob tras su lucha con otro ángel; y entregó al rey Salomón su famoso anillo para dominar a todos los demonios.

TERCERA JERARQUÍA: PRINCIPADOS, ARCÁNGELES, ÁNGELES

PRINCIPADOS: SÉPTIMO CORO

Ibíd.

COLOSENSES 1:16

Como su nombre indica, están revestidos de una autoridad especial. Se representan como seres de gran belleza, con alas y cubiertos de capas de colores verde oscuro, granate y gris. Su misión es cuidar las naciones, provincias y diócesis de la Iglesia. Y también proteger nuestro planeta. Sobre todo al reino vegetal. Otorgan sus dones a las almas sencillas. Despiertan en nosotros el sentido de la belleza y de los vínculos amorosos.

Regente: arcángel Haniel, Gloria o gracia de Dios. Representado con dos alas blancas y una larga túnica rosada cubierta de rosas también blancas. Asociado al planeta Venus, es portador de alegría y su misión es conciliar los afectos, hacer posibles los matrimonios y el encuentro con personas afines. También favorece la inspiración artística y el desarrollo de todo lo relacionado con la belleza. Su misión es liberarnos de los errores y fomentar el equilibrio en nuestros afectos y emociones.

ARCÁNGELES: OCTAVO CORO

> *«... a la intimación y a la voz del arcángel, y al sonido*
> *de la trompeta de Dios, descenderá del cielo, y los que murieron*
> *en Cristo resucitarán los primeros.»*

1.ª Carta a los Tesalonicenses 4:16

Príncipes de la corte celestial. Su nombre significa «jefes de los mensajeros», porque son los encargados de transmitir los mensajes más importantes. La Biblia menciona expresamente a Miguel, Rafael y Gabriel, aunque hay muchísimos más. Cuidan también de los animales. Despiertan en nosotros deseos de armonía y confraternización, así como sentimientos místicos y la capacidad de discernir el bien y el mal.

Regente: arcángel Mikael, Quién es como Dios. Es representado como un joven fuerte y bello cubierto por una armadura. Su misión es llevar paz y concordia a toda la humanidad.

ÁNGELES: NOVENO CORO

> *«Mandaré un ángel ante ti para que te vele.»*

Éxodo 23:20

Su nombre, Mensajeros, hace honor a su función primordial de transmisores de las mandatos divinos. Representados con alas, túnicas blancas o de colores y con flores, entre ellos están los ángeles guardianes, los encargados de protegernos desde que nacemos y aun después de la muerte. Nos defienden también contra enemigos externos e internos. Su misión es elevar nuestras plegarias. Nos infunden fuerzas además de los favores que les pedimos.

Regente: arcángel Gabriel, en hebreo *gebber* significa Fuerza de Dios. La iconografía lo representa como un joven majestuoso con grandes alas, plegadas cuando está de rodillas, y un lujoso vestuario, con una cruz en el pecho y un pergamino, un cetro o un lirio en la mano. Se le llama también el Ángel de la Anunciación por haber sido el que se apareció a la Virgen María para advertirla de la llegada del Mesías. Y asimismo se le denomina el Ángel de la Revelación del Corán. También se dice que fue él con quien combatió Jacob durante una noche y el que le rompió la cadera en la refriega (G. 32). Sus poderes esenciales consisten en aportar energía y equilibrio al cosmos. Ayuda a realizar transformaciones positivas y es patrón de clarividentes y adivinos.

LOS SIETE ARCÁNGELES

El nombre de los tres arcángeles, o jefes principales de los ángeles, coinciden en las tres grandes religiones, aunque se diferencian en la iconografía; por ejemplo, en la Iglesia Ortodoxa aparecen sin alas, con túnica y un globo transparente con una cruz.

En el Antiguo y el Nuevo Testamento se citan tres emisarios importantes: Mikael –Miguel–, jefe de los ejércitos (Ap. 12:7-9), Gabriel, mensajero de los designios divinos por excelencia (Lc. 1:11-20; 26-38), y Rafael, sanador y protector de los viajeros (Tob. 12:6, 15).

Tanto judaísmo como cristianismo completan, no obstante, la lista de arcángeles hasta contar siete o diez con nombres extraídos de textos apócrifos, como el Libro de Enoc –canónico para la Iglesia Copta–, el Cuarto libro de Esdras o la literatura rabínica. Basándose en ellos, en el cristianismo se suelen citar hasta siete arcángeles. A los tres bíblicos se añaden: Uriel, custodio de los santos lugares; Raguel, encargado de llevar armonía y paz a todas las relaciones; Sariel, que vigila a los espíritus de los hombres que pecan y Remiel, que preside las visiones verdaderas y dirá cuándo el número de los justos está completo.

A todos ellos vienen a sumarse, tanto en el cristianismo como en el judaísmo, otros nombres que acaban por componer diferentes listas hasta un número de diez: Barahiel, protector de la fe; Jehudiel, que ayuda a vencer la envidia y los celos; Selafiel, cuya misión es apartar al hombre de las tentaciones de los sentidos; Camael, que nos libera de los miedos; Haniel, arcángel de la alegría; Zadquiel, que imparte justicia; Cassiel, encargado de consolar a los desamparados y Zafkiel, que presta auxilio cuando hemos de tomar decisiones importantes. Por su parte, en el islamismo se reconocen diez arcángeles (ver más abajo en este mismo capítulo).

LOS SIETE CIELOS

Símbolo del hogar de las potencias superiores, representado o descrito a veces como una campana o una copa invertida, el cielo es el centro de toda actividad sobrenatural en las diferentes religiones del mundo.

En la época en que fueron escritos el Antiguo y el Nuevo Testamento se hablaba de tres cielos. El primero estaba constituido por la atmósfera de la Tierra. El segundo es el lugar del sol, las estrellas y la luna. El tercero es la casa de Dios. Cuando Pablo dijo que había sido arrebatado al tercer cielo se estaba refiriendo a ese lugar. «Conozco a un hombre en Cristo que hace catorce años (si en el cuerpo o fuera de él no lo sé; Dios lo sabe) fue arrebatado hasta el tercer cielo» (2 Corintios 12:2).

Hay, sin embargo, una tradición común a las tres grandes religiones que habla de siete cielos y de que Dios habita en el último de ellos. Las meditaciones de la Mercabá (cap. III), como hemos visto, hablan de la ascensión a través de estos siete cielos o palacios, los *hekalots*, custodiados por siete puertas. Una concepción que se remonta a la civilización sumeria, cuyos ángeles procedían de esos siete cielos o reinos espirituales.

De abajo hacia arriba, éstos son sus nombres y sus moradores:

- **Primer cielo:** en hebreo *Shamajim*, «Velo», es el más cercano a la Tierra y en él habitan ángeles y arcángeles. Y, antes del exilio, también Adán y Eva.
- **Segundo cielo:** *Raqia*, «Extensión» (Gn. 1:6-17), regido por Rafael y Zadkiel, en uno de sus rincones acoge a quienes han de esperar el Día del Juicio para evolucionar, así como a algunos de los ángeles caídos.
- **Tercer cielo:** *Shejakin*, «Cielos», en los confines de su parte norte se sitúa el infierno recorrido por un río en llamas. Haniel, regente de los

Principados lo gobierna. En su parte sur está el Edén, cuyas puertas son traspasadas únicamente por las almas perfectas. Por él fluyen ríos de leche, miel, aceite y vino.

- **Cuarto cielo:** *Zebul*, «Excelsa morada» (Is. 63:15). Está gobernado por Mikael. Según san Juan, en él se ubica la Jerusalén celestial rodeada de doce muros dorados con otras tantas puertas de gran belleza. Y los mismos ríos de leche y miel corren también aquí. En él habitan coros de ángeles que alaban continuamente a Dios.

- **Quinto cielo:** *Maón*, «Morada» (Deuteronomio 26:15). Regido por Sandalfon, y habitado por ángeles que cantan sus alabanzas a Dios.

- **Sexto cielo:** *Majón*, «Lugar», regido por Metatron o Enoc, es la gran biblioteca celestial. Allí están los ángeles que registran todo cuando ocurre en la Tierra.

- **Séptimo cielo:** *Arabot*, «Nubes» (Sal. 68:5), regido por Cassiel, arcángel de la templanza, es la morada de Dios, el trono y el absoluto sanctasanctórum. Las órdenes más elevadas de serafines, querubines y tronos habitan en él. También es la morada de las almas no nacidas y de los santos.

LOS DIEZ ARCÁNGELES DEL ISLAM

En el islamismo se cree que hay diez séquitos de innumerables ángeles que guardan las puertas del Paraíso a las órdenes de diez arcángeles: Yibril, encargado de la revelación y la oración. Mijail, que reparte bendiciones a todo lo creado. Azrael, el ángel de la muerte, conocido también como Malak al Mawt (Corán 32:11), al que Dios avisa con cuarenta días para que prepare a las almas en tránsito a dejar este mundo del mejor modo posible. Israfil, encargado del Día del Juicio. Munqar y Naqir, que preguntarán a las almas sobre sus actos tras la muerte. Raaqib y Atid, conocidos también como «los escribas» o Kiraman Katibin, que registran las buenas y malas acciones realizadas por las personas a lo largo de la vida. Maalik, el guardián del infierno. Y Ridhwan, guardián del Paraíso.

ÁNGELES EN EL TIEMPO Y EL ESPACIO

ARCÁNGELES Y CORRESPONDENCIAS: COROS CELESTES, SUS REGENTES Y PLANETAS QUE GOBIERNAN

Coros	Número de ángeles	Príncipe regente	Planeta
Serafines	(1 a 8)	Metratón	Urano
Querubines	(9 a 16)	Jofiel	Plutón
Tronos	(17 a 24)	Zafkiel	Saturno
Dominaciones	(25 a 32)	Zadkiel	Júpiter
Potencias	(33 a 40)	Camael	Marte
Virtudes	(41 a 48)	Mikael	Sol
Principados	(49 a 56)	Haniel	Venus
Arcángeles	(57 a 64)	Rafael	Tierra
Ángeles	(65 a 72)	Gabriel	Luna

ARCÁNGELES, PLANETAS, SIGNOS Y DÍAS DE LA SEMANA

Arcángel	Planeta	Signo zodíaco	Día
Gabriel	Luna y Neptuno	Cáncer y Piscis	Lunes
Camael	Marte	Aries y Escorpio	Martes
Rafael	Mercurio	Géminis y Virgo	Miércoles
Zadkiel	Júpiter	Sagitario	Jueves
Haniel	Venus	Tauro y Libra	Viernes
Zafkiel	Saturno y Urano	Capricornio y Acuario	Sábado
Mikael	Sol	Leo	Domingo

ARCÁNGELES, PUNTOS CARDINALES, ELEMENTOS Y ESTACIONES DEL AÑO

Arcángel	Dirección	Elemento	Estación
Rafael	Este	Aire	Primavera
Mikael	Sur	Fuego	Verano
Gabriel	Oeste	Agua	Otoño
Uriel	Norte	Tierra	Invierno

LOS VEINTIOCHO ÁNGELES LUNARES

Cada casa lunar está presidida por un ángel que concede determinados favores:

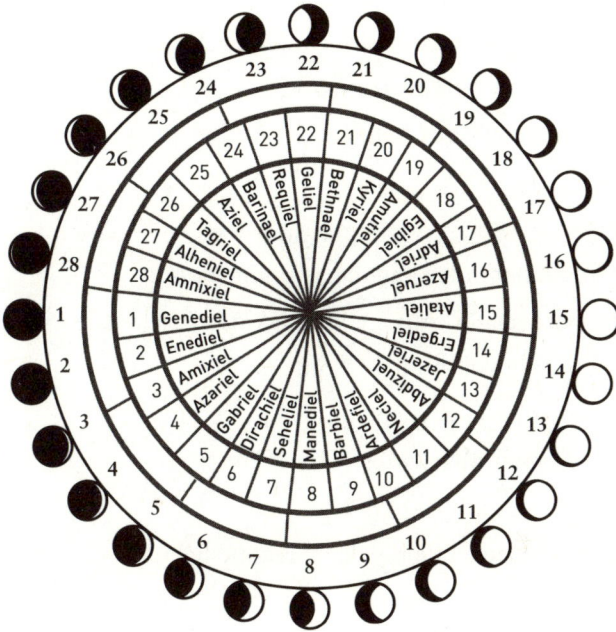

LUNA NUEVA

Genediel: portavoz de un porvenir mejor.

Enediel: aporta ayuda providencial.

Amixiel: intercede en la esfera del trabajo.

Azariel: realización de los deseos.

Gabriel: aporta esperanza.

Dirachiel: favorece las ventas en el comercio.

Seheliel: inspira buenas intenciones.

CUARTO CRECIENTE

Manediel: otorga coraje y voluntad.

Barbiel: resolución de problemas.

Ardefiel: potencia la lógica y la racionalidad.

Neciel: inspira nuevas ideas e intuición

Abdizuel: preside afortunadas coincidencias.

Jazeriel: trae cambios afortunados.

Ergediel: incrementa la belleza.

LUNA LLENA

Ataliel: incrementa las ganancias financieras.

Azeruel: potencia la calma y la reflexión.

Adriel: concede voluntad y tesón.

Egibiel: favorece la concepción y la maternidad.

Amutiel: elimina obstáculos.

Kyriel: otorga equilibrio interior.

Bethnael: mensajero de regalos y reconciliación.

CUARTO MENGUANTE

Geliel: realización de proyectos.

Requiel: procura corazonadas certeras.

Barinael: aumenta la autoestima.

Aziel: potencia un cambio laboral deseable.

Tagriel: inspira creatividad y eficacia.

Alheniel: otorga prestigio profesional.

Amnixiel: concede armonía en las relaciones.

6.

«... Yo enviaré al ángel mío que te guíe,
y guarde en el viaje, hasta introducirte en el país
que te he preparado. Reveréncialo y escucha su
voz... En él se halla Mi Nombre...»

ÉXODO 23:20

Astrología cabalística
y los 72 genios del zodíaco

Mientras los teólogos cristianos debatían sobre la naturaleza de los ángeles, su número y organización, el judaísmo, de la mano de la Cábala, se centraba en hallar el sentido oculto de los libros sagrados, convencido de descubrir en ellos el nombre secreto de Dios y la iluminación o revelación definitiva.

El vocablo «Cábala» significa «tradición» y procede del hebreo *Qabbalah*, «recibir». Con él se designa una sabiduría basada en las contemplaciones extáticas descritas en los libros apócrifos atribuidos a Enoc o a profetas como Ezequiel. Las diferentes versiones respecto a sus fuentes dicen que su origen se remonta al Paraíso, donde habría sido revelada por Dios a los ángeles. Éstos, a su vez, la habrían enseñado a Adán tras «la caída» con el fin de brindarle a él y a su descendencia la posibilidad de retornar a la felicidad edénica. Desde Adán a Moisés, pasando por Noé y Abraham, una larga cadena de profetas se habría hecho cargo de este conocimiento. Otras teorías la hacen proceder de las doctrinas iniciáticas egipcias, a las que Moisés pudo haber accedido. O a la magia de Caldea, Asiria y Mesopotamia, tierras por las que pasaron las caravanas hebreas y donde el zoroastrismo imperante ya prefiguraba algunos de los postulados seguidos por la Cábala.

En todo caso, los primeros textos cabalísticos conocidos, el *Sefer Yezira* o *Libro de la Creación* y el *Sefer Zohar*, o *Libro del Esplendor*, fueron escritos entre los siglos I y IV de nuestra era.

Toda la ciencia de la Cábala parte de un principio básico: el lenguaje es creador. A cada letra de las veintidós del alfabeto hebreo se asocia un número, y ambos, letras y números, poseen una cualidad vibratoria inherente, un estado de energía cósmica preciso que Dios diseña antes de pronunciarla. Así, los nombres de cada ser o cosa, sobre todo los de los seres celestiales, que en realidad son diferentes atributos de Dios –sabiduría, misericordia, inteligencia, etcétera–, encierran unas características concisas que definen su función en el cosmos. Conocerlos significa poder contactar con dichas características y a través de ellas con la divinidad.

Por otro lado, la Cábala cree que el nombre secreto de Dios está oculto en las veintidós letras del alfabeto hebreo y en los veinticuatro libros bíblicos que componen la Torah. Y que es posible descifrarlo intercambiando letras y números mediante técnicas de análisis –que ya habían sido utilizadas en Babilonia–, como la *gematría*, el *notaricón* o *la temurá*.

¿POR QUÉ 72?

En el *Zohar* se dice que el trono de Dios está rodeado por 72 ángeles o *semanforas*. La elección de este número no es casual. Si se suman por ejemplo las letras del nombre de Dios en hebreo, Yahvéh o Yehováh (YHVH), por medio de la *gematría* se obtiene la cifra 72. Algo que, entre otras cosas, llevó a los cabalistas a creer que Dios tiene 72 nombres y a buscarlos con empeño en la Torah, así como a reproducir esta cifra simbólica en muchas de sus tradiciones.

Se cuenta, por ejemplo, que tras el fracaso de la primera Creación y el Diluvio Universal, fueron 72 los ángeles que Dios envió a otras tantas naciones de la Tierra para que enseñaran su ciencia divina en los confines más alejados del orbe. La escala que Jacob vio en sueños, por la que ascendían y descendían ángeles, estaba formada por 72 escalones. En la sinagoga judía, el consejo estaba compuesto por 72 ancianos. Y así podríamos citar otras muchas asociaciones más de esta cifra.

Los rabinos hallaron sorprendente, por otra parte, el hecho de que tres versículos consecutivos del Éxodo estuvieran compuestos cada uno de ellos por 72 letras (Ex. 14:19-20-21). Y escudriñando en ellos mediante la técnica *temurá* hallaron el nombre de 72 ángeles.

El procedimiento consiste en separar las letras de una palabra o un texto para formar otras. En este caso se tomó la primera letra del versículo 19 empezando por la derecha, luego la primera letra del 20 empezando por la izquierda, y por último la primera del versículo 21 empezando por la derecha. Estas tres primeras letras forman el atributo del primer ángel o genio cabalístico: *Vehu/Voluntad*. Aplicando el mismo procedimiento a cada una de las 72 letras de los tres versículos se obtuvieron los 72 nombres o atributos divinos de las llamadas *semanforas* o genios cabalísticos, compuestos cada uno por tres letras a las que se añadieron dos terminaciones: Iah o El, que en hebreo significan «Dios». Por ejemplo, Vehu se transformó en Vehuiah.

Los tres párrafos de los que fueron extraídos estos nombres hablan del pasaje bíblico en que Moisés cruza el mar Rojo y la mano de Dios divide las aguas para que el pueblo hebreo atraviese el lecho seco y se salve de los ejércitos del faraón. Es un hecho en el que algunos estudiosos han querido ver una metáfora relativa a la emancipación del ser humano de sus instintos, o la victoria sobre las tentaciones suscitadas por el Príncipe de las tinieblas, encarnado simbólicamente por el faraón. Una batalla que no podría ser librada sin la concurrencia de los nombres de estos 72 ángeles ocultos, precisamente, en estos versículos.

Durante el Renacimiento y los siglos posteriores, y siguiendo las huellas de filósofos como Cornelio Agrippa o eruditos como Athanasius Kircher, cabalistas cristianos se hicieron eco de las concepciones cabalistas y astrológicas, agruparon estos ángeles de ocho en ocho y los repartieron entre los nueve coros propuestos por Dionisio el Aeropagita (8 x 9 = 72) dando lugar al corpus que constituye hoy el horóscopo de los ángeles.

Su agrupación es la siguiente:

Serafines: Vehuiah, Jeliel, Sitael, Elemiah, Mahasiah, Lelahel, Ajaiah, Cahetel.

Querubines: Haziel, Aladiah, Lauviah, Hahaiah, Yezalel, Mebahel, Hariel y Hekamiah.

Tronos: Lauviel, Caliel, Leuviael, Pahaliah, Nelkhael, Iaiel, Melahel y Haheuiah.

Dominaciones: Nith-Haiah, Haaiah, Yerazel, Seheiah, Reiyel, Omael, Lecabel y Vasariah.

Potestades: Yehuiah, Lehahiah, Javakiah, Menadel, Aniel, Haamiah, Rehael y Yeiazel.

Virtudes: Hahahel, Mikael, Veuliah, Yelahiah, Sealiah, Arial, Asaliah y Mihael.

Principados: Vehuel, Daniel, Hahasiah, Imamiah, Nanael, Nithael, Mebahiah, y Poyel.

Arcángeles: Nemamiah, Yeialel, Harahel, Mitzrael, Umabel, Iahhel, Anauel, Mehiel.

Ángeles: Damabiah, Manakel, Eyael, Habuiah, Rochel, Jabamiah, Haiaiel y Mumiah.

LOS TRES ÁNGELES TUTELARES DEL HORÓSCOPO

Para explicar la misión de los 72 genios en este plano material de existencia, la astrología cabalística –basada en obras como *La guía de los perplejos*, del judío cordobés Maimónides (s. XII), *Edipo egipcio*, de Athanasius Kircher (s. XVII), *La filosofía oculta*, de Cornelio Agrippa (s. XV) y *La ciencia cabalística*, del francés Lenain (s. XIX)– ha asignado tres ángeles tutelares a cada persona según su fecha y hora de nacimiento: el físico, el emotivo y el mental.

Dado que la esfera zodiacal tiene 360 grados y existen 72 ángeles, se ideó un sistema de regencias del calendario que toma como punto de partida el equinoccio primaveral. Se dice que fue por ser ése el tiempo en que se habrían desarrollado los acontecimientos del Éxodo de donde se extrajeron los nombres de los 72 ángeles.

- El ángel físico, cuya regencia es «por domicilio». Domina durante un espacio de cinco grados de la esfera o días (5 x 72 = 360). Influye en las personas nacidas en ese período y es el que nos propone una misión espiritual para evolucionar como personas y volvernos a unir con la parte luminosa de nuestra naturaleza. También nos dota de provisiones materiales, orienta nuestra profesión en la vida, cuida del cuerpo y la salud.

- El ángel emotivo, cuya regencia es «por rotación». Es decir, el ángel número 1, Vehuiah, rige el día 21 de marzo; el número 2, Jeliel, rige el día 22, y así sucesivamente hasta que rota la lista de 72 ángeles cinco veces (5 x 72=360). El ángel emotivo de cada persona es pues el que rige el día de su nacimiento. Él es el que vigila por la orientación de nuestros deseos y sentimientos. Nos inspira nuestra vocación profesional. Y ayuda a que tengamos éxito. Nos invita a expresar positivamente nuestras emociones y a vencer los arrebatos inútiles. Dulcifica nuestro carácter y nos hace tomar contacto con la dimensión alegre y entusiasta de la vida.

- El ángel mental, con una «regencia por horas». Las 24 horas del día se reparten aquí entre los 72 ángeles a razón de 20 minutos por cada uno, contando a partir de las doce de la noche: (24 horas x 60 minutos = 1.440) (1.440:72 = 20). Es decir, el ángel número 1 rige de 0 a 0.20 horas; el número 2, de 0.21 a 0.40, y así hasta completar los 72 ángeles. Para saber cuál es su ángel mental la persona debería conocer la hora de su nacimiento. Este ángel es el que se ocupa de las ideas y el intelecto. Fortalece nuestras ansias de saber y comprender los misterios de la Creación. Y nos inspira la elección de lecturas que nos ayuden a conocernos mejor a nosotros mismos. En caso de no saber a qué hora se nació, se puede hacer una meditación en silencio al término de la cual se aconseja abrir el libro por cualquier página de las que contienen los 72 ángeles y leer el que nos dicte el azar. Los ángeles ayudarán para llevarnos al nuestro (ver más abajo el recuadro de Cornelio Agrippa).

Los tres ángeles transmiten su energía luminosa, llevan al ser humano hacia sus inclinaciones más virtuosas, exaltan el alma hacia el Creador y ayudan a que cumpla con la misión que le fue destinada desde su nacimiento. Además de ejercer su influencia sobre sus patrocinados, durante sus períodos de regencia otras personas pueden obtener sus favores. Para ello es preciso invocarlos por su nombre, recitar una oración y realizar un acto de meditación (ver capítulo 8).

¿QUÉ ÁNGELES TUTELARES NOS CORRESPONDEN?

Como el calendario solar tiene 365 días y los 72 ángeles tutelares sólo ocupan 360 días de la esfera zodiacal, hay un excedente de cinco días que algunas escuelas cabalísticas modernas, como la de Lenain, atribuyeron a los ángeles que presiden los cuatro puntos cardinales: Rafael, Gabriel, Mikael y Uriel.

En este libro, y en el caso del ángel físico, hemos repartido estos cinco días añadiendo algún día más a algunos de los ángeles. A este respecto, el lector que haya nacido el primer o último día de regencia de un ángel debería leer también el ángel anterior o posterior a éste, pues quizá se sienta más identificado con alguno de ellos. Ello podría ocurrir sencillamente porque hay días en los que el sol entra en un grado zodiacal antes o después de las doce de la noche.

Por otra parte, en el caso del ángel emotivo, los cinco días de «saldo» son regidos por el último ángel de la lista, Mumiah, que hace de puente entre el final y el comienzo del año.

Viéndolo con un ejemplo práctico, según nuestros cálculos, los ángeles regentes de alguien nacido el 15 de noviembre a las cinco de la tarde serían:

• Ángel físico: Número 47. Asaliah que rige «por domicilio» del 13 al 17 de noviembre. Como la persona ha nacido en medio del período de regencia no cabe duda de que éste sería su ángel.

- Ángel emotivo: Número 26. Haaiah, que rige «por rotación» ese día.
- Ángel mental: Número 16. Hekamiah, que rige la fracción de 5.01 a 5.20 horas. Aunque si no hubiera seguridad en la exactitud de la hora de nacimiento se debería consultar –como ocurre con el ángel físico– el genio inmediatamente anterior o posterior para ver si se identifica más con él.

Podría haber casos en que los tres ángeles coincidan en uno solo. Por ejemplo, alguien nacido el 23 de marzo a las 12.15 horas de la noche tendría a Vehuiah, el primer ángel de la lista, como ángel tutelar único, pues además de regir «por domicilio» del 23 al 25 de marzo, también rige «por rotación» el día 23 y de 0 a 20 horas de la noche.

En la siguiente tabla se especifican los períodos de regencia y las horas para cada ángel (físico, emotivo y mental):

ÁNGEL FÍSICO, EMOTIVO Y MENTAL

Nº	Nombre	Esencia	Físico	Emotivo	Mental
1	Vehuiah	Voluntad	21-25 marzo	5/1, 21/3, 1/6, 11/8, 21/10	00.00 a 00.20
2	Jeliel	Protección	26-30 marzo	6/1, 22/3, 2/6, 12/8, 22/10	00.21 a 00.40
3	Sitael	Esperanza	31 marzo-4 abril	7/1, 23/3, 3/6, 13/8, 23/10	00.41 a 01.00
4	Elemiah	Poder Divino	5-9 abril	8/1, 24/3, 4/6, 14/8, 24/10	01.01 a 01.20
5	Mahasiah	Enmienda	10-14 abril	9/1, 25/3, 5/6, 15/8, 25/10	01.21 a 01.40
6	Lelahel	Luz	15-20 abril	10/1, 26/3, 6/6, 16/8, 26/10	01.41 a 02.00
7	Ajaiah	Paciencia	21-25 abril	11/1, 27/3, 7/6, 17/8, 27/10	02.01 a 02.20

Nº	Nombre	Esencia	Físico	Emotivo	Mental
8	Cahetel	Bendición de Dios	26-30 abril	12/1, 28/3, 8/6, 18/8, 28/10	02.21 a 02.40
9	Haziel	Misericordia de Dios	1-5 mayo	13/1, 29/3, 9/6, 19/8, 29/10	02.41 a 03.00
10	Aladiah	Gracia Divina	6-11 mayo	14/1, 30/3, 10/6, 20/8, 30/10	03.01 a 03.20
11	Lauviah	Victoria	12-16 mayo	15/1, 31/3, 11/6, 21/8, 31/10	03.21 a 03.40
12	Hahaiah	Refugio	17-21 mayo	16/1, 1/4, 12/6, 22/8, 1/11	03.41 a 04.00
13	Yezalel	Fidelidad	22-26 mayo	17/1, 2/4, 13/6, 23/8, 2/11	04.01 a 04.20
14	Mebahel	Verdad-Libertad-Justicia	27-31 mayo	18/1, 3/4, 14/6, 24/8, 3/11	04.21 a 04.40
15	Hariel	Purificación	1-6 junio	19/1, 4/4, 15/6, 25/8, 4/11	04.41 a 05.00
16	Hekamiah	Lealtad	7-11 junio	20/1, 5/4, 16/6, 26/8, 5/11	05.01 a 05.20
17	Lauviel	Revelación	12-16 junio	21/1, 6/4, 17/6, 27/8, 6/11	05.21 a 05.40
18	Caliel	Justicia	17-21 junio	22/1, 7/4, 18/6, 28/8, 7/11	05.41 a 06.00
19	Leuviael	Inteligencia expansiva	22-27 junio	23/1, 8/4, 19/6, 29/8, 8/11	06.01 a 06.20
20	Pahaliah	Redención	28 junio-2 julio	24/1, 9/4, 20/6, 30/8, 9/11	06.21 a 06.40
21	Nelkhael	Afán de Aprender	3-7 julio	25/1, 10/4, 21/6, 31/8, 10/11	06.41 a 07.00
22	Iaiel	Renombre	8-12 julio	26/1, 11/4, 22/6, 1/9, 11/11	07.01 a 07.20
23	Melahel	Capacidad Curadora	13-18 julio	27/1, 12/4, 23/6, 2/9, 12/11	07.21 a 07.40
24	Haheuiah	Protección	19-23 julio	28/1, 13/4, 24/6, 3/9, 13/11	07.41 a 08.00
25	Nith-Haiah	Sabiduría	24-28 julio	29/1, 14/4, 25/6, 4/9, 14/11	08.01 a 08.20

Nº	Nombre	Esencia	Físico	Emotivo	Mental
26	Haaiah	Ciencia Política	29 julio-2 agosto	30/1, 15/4, 26/6, 5/9, 15/11	08.21 a 08.40
27	Yerazel	Expansión de la Luz	3-7 agosto	31/1, 16/4, 27/6, 6/9, 16/11	08.41 a 09.00
28	Seheiah	Longevidad	8-13 agosto	1/2, 17/4, 28/6, 7/9, 17/11	09.01 a 09.20
29	Reiyel	Liberación	14-18 agosto	2/2, 18/4, 29/6, 8/9, 18/11	09.21 a 09.40
30	Omael	Multiplicación	19-23 agosto	3/2, 19/4, 30/6, 9/9, 19/11	09.41 a 10.00
31	Lecabel	Talento Resolutivo	24-28 agosto	4/2, 20/4, 1/7, 10/9, 20/11	10.01 a 10.20
32	Vasariah	Clemencia	29 agosto-2 septiembre	5/2, 21/4, 2/7, 11/9, 21/11	10.21 a 10.40
33	Yehuiah	Subordinación	3-8 septiembre	6/2, 22/4, 3/7, 12/9, 22/11	10.41 a 11.00
34	Lehahiah	Obediencia	9-13 septiembre	7/2, 23/4, 4/7, 12/9, 23/11	11.01 a 11.20
35	Javakiah	Reconciliación	14-18 septiembre	8/2, 24/4, 5/7, 13/9, 24/11	11.21 a 11.40
36	Menadel	Trabajo	19-23 septiembre	9/2, 25/4, 6/7, 14/9, 25/11	11.41 a 12.00
37	Aniel	Romper el Cerco	24-28 septiembre	10/2, 26/4, 7/7, 15/9, 26/11	12.01 a 12.20
38	Haamiah	Ritualidad	29 septiembre-3 octubre	11/2, 27/4, 8/7, 16/9, 27/11	12.21 a 12.40
39	Rehael	Sumisión Filial	4-8 octubre	12/2, 28/4, 9/7, 17/9, 28/11	12.41 a 13.00
40	Yeiazel	Consuelo y Regocijo	9-13 octubre	13/2, 29/4, 10/7, 18/9, 29/11	13.01 a 13.20
41	Hahahel	Sacerdocio	14-18 octubre	14/2, 30/4, 11/7, 19/9, 30/11	13.21 a 13.40
42	Mikael	Orden Político	19-23 octubre	15/2, 1/5, 12/7, 20/9, 1/12	13.41 a 14.00

Nº	Nombre	Esencia	Físico	Emotivo	Mental
43	Veuliah	Prosperidad	24-28 octubre	16/2, 2/5, 13/7, 21/9, 2/12	14.01 a 14.20
44	Yelahiah	Talento Militar	29 septiembre-2 noviembre	17/2, 3/5, 14/7, 22/9, 3/12	14.21 a 14.40
45	Sealiah	Motor	3-7 noviembre	18/2, 4/5, 15/7, 23/9, 4/12	14.41 a 15.00
46	Arial	Percepción Reveladora	8-12 noviembre	19/2, 5/5, 16/7, 24/9, 5/12	15.01 a 15.20
47	Asaliah	Contempla-ción	13-17 noviembre	20/2, 6/5, 17/7, 25/9, 6/12	15.21 a 15.40
48	Mihael	Generación	18-22 noviembre	21/2, 7/5, 18/7, 26/9, 7/12	15.41 a 16.00
49	Vehuel	Elevación o Grandeza	23-27 noviembre	22/2, 8/5, 19/7, 27/9, 8/12	16.01 a 16.20
50	Daniel	Elocuencia	28 noviembre-2 diciembre	23/2, 9/5, 20/7, 28/9, 9/12	16.21 a 16.40
51	Hahasiah	Piedra Filosofal	3-7 diciembre	24/2, 10/5, 21/7, 29/9, 10/12	16.41 a 17.00
52	Imamiah	Expiación de Errores	8-12 diciembre	25/2, 11/5, 22/7, 30/9, 11/12	17.01 a 17.20
53	Nanael	Comunicación Espiritual	13-17 diciembre	26/2, 12/5, 23/7, 1/10, 12/12	17.21 a 17.40
54	Nithael	Legitimidad Sucesoria	18-22 diciembre	27/2, 13/5, 24/7, 2/10, 13/12	17.41 a 18.00
55	Mebahiah	Lucidez Intelectual	23-27 diciembre	28/2, 14/5, 25/7, 3/10, 14/12	18.01 a 18.20
56	Poyel	Sostén, Talento y Fortuna	28-31 diciembre	1/3, 15/5, 26/7, 4/10, 15/12	18.21 a 18.40
57	Nemamiah	Discerni-miento	1-5 enero	2/3, 16/5, 27/7, 5/10, 16/12	18.41 a 19.00
58	Yeialel	Fortaleza Mental	6-10 enero	3/3, 17/5, 28/7, 6/10, 17/12	19.01 a 19.20

Nº	Nombre	Esencia	Físico	Emotivo	Mental
59	Harahel	Riqueza Intelectual	11-15 enero	4/3, 18/5, 29/7, 7/10, 18/12	19.21 a 19.40
60	Mitzrael	Reparación	16-20 enero	5/3, 19/5, 30/7, 8/10, 19/12	19.41 a 20.00
61	Umabel	Afinidad	21-25 enero	6/3, 20/5, 31/7, 9/10, 20/12	20.01 a 20.20
62	Iahhel	Afán de Saber	26-30 enero	7/3, 21/5, 1/8, 10/10, 21/12	20.21 a 20.40
63	Anauel	Percepción de la Unidad	31 enero- 4 febrero	8/3, 22/5, 2/8, 11/10, 22/12	20.41 a 21.00
64	Mehiel	Vivificación	5-9 febrero	9/3, 23/5, 3/8, 12/10, 23/12	21.01 a 21.20
56	Poyel	Sostén, Talento y Fortuna	28-31 diciembre	1/3, 15/5, 26/7, 4/10, 15/12	18.21 a 18.40
57	Nemamiah	Discerni- miento	1-5 enero	2/3, 16/5, 27/7, 5/10, 16/12	18.41 a 19.00
58	Yeialel	Fortaleza Mental	6-10 enero	3/3, 17/5, 28/7, 6/10, 17/12	19.01 a 19.20
59	Harahel	Riqueza Intelectual	11-15 enero	4/3, 18/5, 29/7, 7/10, 18/12	19.21 a 19.40
60	Mitzrael	Reparación	16-20 enero	5/3, 19/5, 30/7, 8/10, 19/12	19.41 a 20.00
61	Umabel	Afinidad	21-25 enero	6/3, 20/5, 31/7, 9/10, 20/12	20.01 a 20.20
62	Iahhel	Afán de Saber	26-30 enero	7/3, 21/5, 1/8, 10/10, 21/12	20.21 a 20.40
63	Anauel	Percepción de la Unidad	31 enero- 4 febrero	8/3, 22/5, 2/8, 11/10, 22/12	20.41 a 21.00
64	Mehiel	Vivificación	5-9 febrero	9/3, 23/5, 3/8, 12/10, 23/12	21.01 a 21.20
65	Damabiah	Fuente de Sabiduría	10-14 febrero	10/3, 24/5, 4/8, 13/10, 24/12	21.21 a 21.40
66	Manakel	Conocimiento del Bien y del Mal	15-19 febrero	11/3, 25/5, 5/8, 14/10, 25/12	21.41 a 22.00

Nº	Nombre	Esencia	Físico	Emotivo	Mental
67	Eyael	Transubstanciación	20-24 febrero	12/3, 26/5, 6/8, 15/10, 26/12	22.01 a 22.20
68	Habuiah	Curación	25-29 febrero	13/3, 27/5, 7/8, 16/10, 27/12	22.21 a 22.40
69	Rochel	Restitución	1-5 marzo	14/3, 28/5, 8/8, 17/10, 28/12	22.41 a 23.00
70	Jabamiah	Alquimia	6-10 marzo	15/3, 29/5, 9/8, 18/10, 29/12	23.01 a 23.20
71	Haiaiel	Armas para el Combate	11-15 marzo	16/3, 30/5, 10/8, 19/10, 30/12	23.21 a 23.40
72	Mumiah	Renacer	16-20 marzo	17/3, 31/5, 11/8, 20/10, 31/12 al 4/1	23.41 a 00.00

LOS ÁNGELES REBELDES

Cada uno de los Príncipes de la corte celestial tiene un oponente que es un ángel caído o rebelde y capitán de las tropas adversarias. Los teólogos, y también Cornelio Agrippa, citan nueve de los nombres de estos capitanes, uno por cada coro angélico. Aquí no hemos querido repetirlos por parecernos su sonido detestable y alejar así su negatividad. Son seres que desean erigirse en falsos dioses y ser adorados como tales. Su pretensión es inducirnos a descuidar los talentos y virtudes que nuestros ángeles custodios nos conceden, incitarnos a olvidar la guía de los seres de luz, hacernos creer que no existe el mundo invisible ni espiritual, cerrar nuestros ojos a nuestra esencia luminosa para empujarnos a seguir en todo momento el rumbo de nuestras inclinaciones y deseos más egoístas. Cada uno de los 72 ángeles del horóscopo de los ángeles dedica unas líneas a la influencia que aquéllos podrían tener en nosotros si los escucháramos, así el lector podrá estar prevenido contra sus artimañas. Pues, de nosotros, y sólo de nosotros, depende dejarnos conducir por ellos o no.

CORNELIO AGRIPPA, EL FILÓSOFO DE LOS ÁNGELES

Durante el Renacimiento y sus postrimerías volvieron a tomar auge las doctrinas de la Antigüedad, sobre todo la mística neoplatónica y los libros gnósticos atribuidos al legendario Hermes Trismegisto. Se creía que el mundo es Uno y que todo, incluso la materia, participaba de la esencia espiritual. Las prácticas mágicas recurrían a postulados hermetistas y cabalistas: «cómo es arriba es abajo», o «todas las cosas de aquí abajo tienen su raíz en lo alto». El mundo se pobló de influencias astrales y angelicales que podían ser invocadas para ayudar al ser humano. El cristiano y cabalista florentino Pico della Mirandola, el abate Tritemio, benedictino suizo, el alquimista alemán Paracelso o el filósofo Cornelio Agrippa fueron excelsos divulgadores de esta sabiduría.

Sobre todo Agrippa, quien en su *Filosofía oculta* («Magia Ceremonial», cap. xxv) ofrece amplia información sobre las correspondencias entre ángeles, planetas, signos del zodíaco, puntos cardinales o vientos y otros fenómenos atmosféricos que aún hoy es utilizada.

Agrippa, por otro lado, habla de los tres genios tutelares que tiene cada persona. Aunque, tras hacer referencia a lo intrincado de las distintas fórmulas astrológicas que los sabios de la Antigüedad idearon para averiguarlos, aconseja claramente identificar el ángel mental por nosotros mismos, sin necesidad de cálculos astrales de grados ni de horarios. Llevar una vida tranquila, de sosiego, estudio y silencio nos permitiría, según el filósofo, ponernos en contacto con dicho ángel, incluso averiguar cuál de los 72 es; tan sólo hará falta «atender a lo que nos sugiera nuestra alma una vez purificada de pensamientos vanos». El ángel físico, en cambio, sí depende, según Agrippa, de la posición del sol en el día del nacimiento. Mientras que el emotivo, al que él llama «el de la profesión», tampoco debería depender de cálculos astrológicos, pues puede cambiar a lo largo de nuestra vida según el trabajo al que nos dediquemos, ya que su cometido es ayudarnos en él. Por eso cuando encontramos nuestra verdadera vocación la desarrollamos con éxito y nos sentimos felices con lo que hacemos.

Desde las aportaciones de Agrippa numerosos eruditos y cabalistas han abordado el tema de los tres ángeles tutelares y su distribución en los coros de la Jerarquía Celestial. Es el caso de Athanasius Kircher, el jesuita alemán del siglo XVII. Y ya en el XIX, el de la Orden Hermética del Alba Dorada o el del antropósofo Rudolf Steiner. Como no podía ser de otro modo, la disparidad de opiniones ha sido múltiple y continua hasta nuestros días.

COROS CELESTIALES Y LAS DIEZ *SEFIROT* CABALÍSTICAS

De acuerdo con la Cábala, es imposible conocer a Dios con el intelecto. Sin embargo Él se sirvió de las letras del alfabeto para crear un universo a través de sus emanaciones o atributos llamadas *sefirot*.

Del propio seno de la Divinidad Oculta o Infinito (*Ain Sof*), surgió un rayo de luz que originó la Nada (*Ain*), identificada con una esfera (*sefira*, «vasija»). De la primera *sefira*, llamada Kéter, «Corona», emanan otras nueve esferas, las *sefirot* –plural de *sefira*– o atributos de Dios que se corresponden también con estados físicos, psíquicos y espirituales del ser humano. Las *sefirot* evolucionan en los cuatro universos espirituales en los que, según la Cábala, se halla estructurada toda la Creación. Dichos universos van desde lo inferior a lo superior y viceversa. De lo más sutil a lo más denso. Y de lo más grosero a lo invisible. Demostrando así que el macrocosmos (universo) y el microcosmos (hombre) son análogos. De arriba abajo son:

- *Olam ha Atsiluth* o Mundo de las Emanaciones. A él se atribuyen las *sefirot Kéter* (1), *Jojmá* (2) y *Biná* (3), que configuran la trinidad de principios ontológicos anteriores a la solidificación de todas las cosas.
- *Olam ha Beriyah* o Mundo de la Creación. Está compuesto por las *sefirot Jesed* (4), *Geburah* (5) y *Tifaret* (6). Allí se producen las primeras formas, que se manifiestan sutilmente en el nivel posterior. Y también los *hekaloth*, palacios de la Mercabá, o «Carro de Dios».
- *Olam ha Yetsirah* o Mundo de las Formaciones. Es una prolongación del anterior constituido por las *sefirot Netsah* (7), *Hod* (8) y *Yesod* (9).
- *Olam ha Asiyah*, identificado con la Tierra y los seres que hay en ella. Es el plano de la Concreción Material, el único que perciben los sentidos espirituales, y está integrado únicamente por *Maljut* (10). Esta décima *sefira* es el pórtico hacia Dios, pues permite recibir sobre uno mismo la energía del resto de las *sefirot*.

EL ÁRBOL DE LA VIDA

Las diez *sefirot* son representadas a menudo por el llamado «Árbol de la Vida», dispuestas en triángulos y unidas por veintidós senderos que son, a su vez, las veintidós letras del alfabeto hebreo.

Cada uno de los nueve coros celestiales de ángeles tiene asignada una esfera o *sefira* (ver esquema). Y cada uno de los ocho ángeles que componen cada coro trabaja en la esfera de su coro y en otra esfera particular, conectando así los diferentes atributos de la divinidad a través de los veintidós senderos.

Por otro lado, cada coro y cada ángel en particular están asociados a un planeta, un color, un cristal, un metal que permiten realizar diversos rituales o técnicas de visualización y meditación.

En el Árbol de la Vida cabalístico la interacción entre las distintas *sefirot* es representada por una red de senderos, *tzninorot*, que describe el flujo de la energía Divina impregnando la Creación. Estas conexiones sugieren una división en varios subgrupos de las *sefirot*:

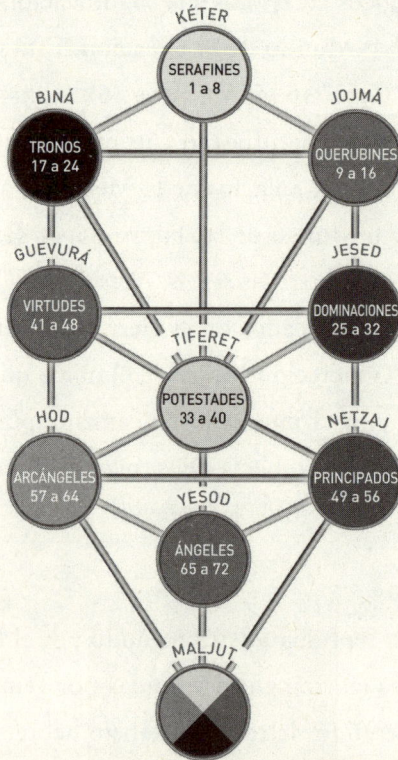

- *Jojmá, Biná y Kéter (o Daat)*, cuyo campo de trabajo es el intelecto y el conocimiento exterior o interior.

- *Jesed, Guevurá y Tiferet*, que se ocupan de la esfera de las emociones y deseos.

- *Netzaj, Hod y Yesod*, que trabajan en el terreno de lo instintivo y pragmático.

- *Maljut*, por último, es una entidad independiente que recibe energía de las esferas anteriores.

Entre las técnicas más asequibles que la Cábala ha desarrollado para trabajar con las *sefirot* y experimentar internamente su energía cabe citar la visualización de los colores asociados al nombre de un ángel, la repetición de este nombre y la concentración en el nombre y significado de una *sefira* determinada. Los fines más evidentes son el recuperar la armonía primigenia o la unión extática con Dios. Aunque siempre se nos advierte que la operación está reservada a grandes iniciados, pues está plagada de dificultades dada la densidad del mundo material.

LAS DIEZ *SEFIROT*: SU SIGNIFICADO Y CORRESPONDENCIA CON LOS COROS CELESTIALES Y SUS REGENTES

1. *Kéter:* Corona. Metatrón. Serafines
2. *Jojmá:* Sabiduría. Jofiel. Querubines.
3. *Biná:* Inteligencia. Zafkiel. Tronos.
4. *Jesed:* Misericordia. Zadkiel. Dominaciones.
5. *Guevurá:* Justicia. Camael. Virtudes.
6. *Tiferet:* Belleza o Misericordia. Mikael. Potestades
7. *Netzaj:* Triunfo de la vida. Haniel. Principados
8. *Hod:* Eternidad del Ser. Gloria. Rafael. Arcángeles
9. *Yesod:* Fundamento. Generación. Gabriel. Ángeles
10. *Maljut:* Reino. Inmanencia Divina (o *Shekhinah*). Su regente es el arcángel Sandalfon, que no sería otro sino el profeta Elías transformado en arcángel.

(*) En la literatura cabalística se describen en realidad un total de once *sefirot*, la undécima es *Daat*, que significa «conocimiento interior». Como en realidad es sólo un aspecto interior de *Kéter*, sólo suele incluirse en el Árbol de la Vida cuando no está *Kéter*. Otras veces se la incluye para separar las tres *sefirot* superiores de las siete inferiores, representando en ese sentido el resplandor luminoso del que brota toda sabiduría (ver esquema anterior).

7.

«Y aunque no debe descuidarse ninguna ciencia, ningún arte ni oficio, ninguna virtud, sin embargo para prosperar en la vida y actuar con buen éxito, ante todo habrá que empezar por conocer el propio genio, la propia naturaleza, y qué bienes nos promete la disposición celeste de nuestro nacimiento...»

CORNELIO AGRIPPA
Filosofía oculta («Magia ceremonial», cap. XXV)

Los 72 genios cabalísticos

El nombre de cada uno de los 72 genios tutelares, conocidos también como *semanforas*, posee un significado místico del que los cabalistas han deducido los mensajes que anuncian, los dones que conceden, las profesiones que patrocinan y los favores que otorgan a sus protegidos.

Y cada uno de estos 72 ángeles, dependiendo del lugar que ocupe en la esfera zodiacal y el calendario, está asociado a un signo del horóscopo y al planeta, color, mineral y metal atribuidos, según la astrología, a dicho signo. Utilizar los elementos atribuidos a cada genio en los altares realizados con el fin de invocar su ayuda, al igual que entonar en voz alta, o recitar en silencio el Salmo bíblico reseñado al final de cada ángel, facilitará la conexión con ellos.

Primer coro

Serafines

1

Vehuiah/Voluntad

Coro: Serafines.

Significa: Dios elevado.

Sefirot: *Kéter/Jojmá/*Sabiduría.

Planeta: Marte.

Signo zodiacal: Aries.

Color: Encarnado.

Mineral: Rubí.

Metal: Hierro.

Mensaje. Te aporto la esencia de la fuerza de voluntad. Gracias a ella hallarás el camino de retorno a tu esencia primordial. Renovarás día a día los esfuerzos por conocerte a ti mismo y mejorar como persona sin pensar nunca que ya has hecho suficiente. Cultiva la paciencia y la sinceridad. Reconoce la necesidad que tu alma tiene del apoyo celestial. No te irrites ante tus errores ni ante los ajenos. La cólera te aleja del sendero correcto. Neutraliza la ira mediante frases positivas y el recuerdo de los nombres angélicos. Usa tu energía para superar el egocentrismo. Que el triunfo no te vuelva soberbio ni te abata el fracaso. Has de ayudar a otros a encontrar el sendero de retorno al Paraíso. Tu escalada te conducirá a las cimas de la Montaña Mística. Allá donde fulge deslumbrante el verdadero conocimiento.

Dones. Belleza física y gran vitalidad para cargar con responsabilidades pesadas. Entusiasmo que persigue metas sin escatimar sacrificios. Los patrocinados de Vehuiah poseen gran fuerza de voluntad e inusitada inteligencia, así como capacidad de concentración y estudio. Descubren de inmediato cuando alguien les miente o cuando se engañan a sí mismos. Esta virtud, unida a una especial sensibilidad para escuchar, los convierte en consejeros ecuánimes en la resolución de problemas intrincados. Precisan pasar tiempo a solas para desarrollar su creatividad. En los asuntos sentimentales son efusivos y suelen tomar la iniciativa. Necesitan cambio y renovación, pero cuando encuentran a su pareja son leales y muy protectores con la familia.

Profesiones. Favorece las relacionadas con el deporte, los viajes, la exploración geográfica y las hazañas físicas. También las que requieren sensibilidad artística o facultades para la comunicación y la enseñanza.

El ángel rebelde incita. A manifestar cólera e impaciencia ante la frustración. A la inconstancia en la profesión y en el terreno amoroso. Dificultad en la elección de la persona amada.

Invocarlo es eficaz. Para obtener fuerza ante la adversidad. O sagacidad ante tareas intelectuales. Retomar la actividad tras un fracaso o una equivocación. Reconocer los errores propios y obtener perdón fácilmente. Libera de la propia cólera. Inspira a buscar y encontrar guía e iluminación espiritual.

Plegaria: «Tú Señor, eres mi protector, mi gloria, y el que me hace levantar la cabeza» (Salmo 3:4).

Las personas nacidas del 21 al 25 de marzo pueden invocar **la ayuda de Vehuiah** cualquier día del año. Los nacidos en otras fechas podrán hacerlo el: 5/1; 21/3; 1/6; 11/8; 21/10. Es más propicio hacerlo durante su horario de regencia: de 0 a 0.20 horas.

2

Jeliel/Protección

Coro: Serafines.

Significa: Dios que socorre.

Sefirot: *Kéter/Biná*/Inteligencia.

Planeta: Marte.

Signo zodiacal: Aries.

Color: Carmesí.

Mineral: Granate.

Metal: Pirita.

Mensaje. Te aporto la esencia de la protección. No has de temer acechanzas ni peligros. Estarás siempre a salvo y saldrás victorioso de cualquier situación por devastadora que sea. Con pensamiento positivo superarás las crisis emocionales sin ceder al desaliento. La experiencia acumulada te pondrá en posición de poder amparar a otros, darles consuelo y cubrir sus necesidades. Descifra en tu interior el milagro del amor desinteresado. Confía en la bondad del universo. Siéntela en tu corazón. Y estarás preparado para derramar sobre otros esas bendiciones. Mediante el servicio a la comunidad puedes conectar con tu esencia primigenia. Cuando tus objetivos personales estén, por encima de toda motivación egoísta, en consonancia con el bienestar de tus seres queridos o de la humanidad en general, te sentirás realizado y contento en tu camino.

Dones. Rostro expresivo y movimientos dinámicos. Optimismo y competitividad que empuja a sus patrocinados a correr sin miedo grandes riesgos en la conquista de sus objetivos. Poseen resistencia ante la frustración de modo que no caen fácilmente en el derrotismo. Sólo tienen miedo a la enfermedad o a no valerse por sí mismos. Muy originales y pioneros en sus profesiones. Bondadosos y joviales en las relaciones sentimentales. Huyen de los conflictos y pacifican cualquier hostilidad. Fieles y apasionados amantes así como excelentes padres. Los protegidos de Jeliel atraviesan épocas en las que necesitan centrarse en su profesión para avanzar en la vida. En su edad madura formarán una familia a la que se entregarán sin reservas.

Profesiones. Favorece todas las que conciernen a la defensa de los desprotegidos. La abogacía, la jurisprudencia. Las que atañen a la vigilancia y el orden de la sociedad. También la medicina, veterinaria o ecología.

El ángel rebelde incita. Al mal humor dirigido contra uno mismo. A rebelarse contra la autoridad, los padres o los jefes. A un comportamiento imprudente y conflictivo. A la arrogancia que provoca la desunión con su pareja o un celibato no deseado.

Invocarlo es eficaz. Para obtener fecundidad en personas, animales o plantas. Conseguir dicha conyugal y paz en el matrimonio. Restablecer el entendimiento entre jefes y subordinados. Obtener sentencias justas. Pedir paz para una nación. Traer armonía al hogar o al negocio. Protege de gente envidiosa o de acosadores.

Plegaria: «Señor, no te quedes lejos, ven a socorrerme, acude a mi defensa» (Salmo 21:20).

Las personas nacidas del 26 al 30 de marzo pueden invocar **la ayuda de Jeliel** cualquier día del año. Los nacidos en otras fechas podrán hacerlo el: 6/1; 22/3; 2/6; 12/8; 22/10. La conexión será más propicia durante su horario de regencia: de 0.21 a 0.40 horas tras la salida del sol.

3

Sitael/Esperanza

Coro: Serafines.

Significa: Dios esperanza de las criaturas.

Sefirot: *Kéter/Jesed*/Bondad.

Planeta: Marte.

Signo zodiacal: Aries.

Color: Fucsia.

Mineral: Rodocrosita.

Metal: Pirita.

Mensaje. Te aporto la esencia de la esperanza. Nunca te rendirás ante el infortunio. Percibirás lo efímero de toda situación y problema. El futuro se convertirá en un libro en blanco cuyas páginas sólo tú puedes escribir. Únicamente has de juzgar cuanto te sucede como resultado de tu pauta de comportamiento y no como producto del azar o responsabilidad de terceros. No dejes que la culpa por los errores pasados te paralice. Aprende de ellos y mejora. La sabiduría que acumularás te servirá para conciliar a las personas enfrentadas. Cultiva la tolerancia hacia las carencias ajenas. Aquél a quien tomas por enemigo tiene probablemente una lección que enseñarte. Mírate en él. Descubre en sus defectos tus defectos. Y recuerda: la misericordia divina extiende su perdón a todos por igual.

Dones. Porte deportivo y gran atractivo. Gozan de una empatía que los ayuda a ponerse en el lugar de los demás. Poseen capacidad intelectual de síntesis y facilidad ante la adversidad que les posibilita ocupar puestos de mucha responsabilidad. Honestidad y minuciosidad les valen fortuna y fama. Aunque ellos nunca se creen mejores que otros. Muy equilibrados en sus relaciones personales, intentan desterrar cualquier rasgo de egoísmo en sus actos. Serán felices en el amor si se unen a una pareja comprensiva, que les conceda el espacio de soledad que precisan y acepte su afán por cuidar los detalles.

Profesiones. Las asociadas a puestos de liderazgo o que requieran afán emprendedor y capacidad ejecutiva. Negocios de todo tipo: venta inmobiliaria, diseño de interiores, publicidad. También la investigación policial, criminología o estudios científicos.

El ángel rebelde incita. A la rigidez y falta de tacto ante los errores ajenos. A una exhibición jactanciosa de poder. A culpar a otros y no reconocer la propia responsabilidad en caso de errores o cuando se falta a un compromiso.

Invocarlo es eficaz. Para obtener ayuda cuando se desempeña un puesto de responsabilidad. Ante un nuevo ciclo de la vida. Cuando las desdichas se suceden y se precisa recuperar la confianza en uno mismo. Nos devuelve la motivación para retomar planes abandonados por falta de esperanza. Protege contra personas negativas, ingratas o mentirosas.

Plegaria: «Tú eres mi amparo y refugio; el Dios en quien esperaré» (Salmo 90:2).

Las personas nacidas del 31 de marzo al 4 de abril pueden invocar **la ayuda de Sitael** cualquier día del año. Los nacidos en otras fechas podrán hacerlo el: 7/1; 23/3; 3/6; 13/8; 23/10. La conexión será más propicia durante su horario de regencia: de 0.41 a 1.00 horas tras la salida del sol.

Elemiah/Poder

4

Coro: Serafines.

Significa: Dios oculto.

Sefirot: *Kéter/Guevurá*/Poder.

Planeta: Marte.

Signo zodiacal: Aries.

Color: Bermellón.

Mineral: Turmalina roja.

Metal: Hierro.

Mensaje. Te aporto la esencia del poder. Estarás dotado de una fuerza de carácter singular que te permitirá ejercer influencia espiritual sobre tus semejantes. Asumirás grandes responsabilidades y tomarás grandes decisiones. Tus acciones y palabras llegarán a oídos de muchas personas y guiarán con sabiduría. Es importante que obres en todo momento de un modo ejemplar. No te desvíes del camino correcto. Busca un objetivo profesional honesto que aporte bienestar a la sociedad. Te ha sido concedida la gracia de realizar un descubrimiento singular que ayudará a tus coetáneos. Canaliza tu energía sabiamente para que esta bendición del cielo se materialice. Desarrolla el sentimiento de compasión ante el dolor ajeno. Domina tu ambición y conviértete en defensor de los más débiles. Contribuir al progreso de otros fortalecerá e incrementará tu desarrollo espiritual. Serás en esta tierra un mariscal de los ejércitos del cielo.

Dones. Agilidad en el movimiento y madera de deportista. Paciencia para escuchar los problemas de otros y facilidad para comprender las debilidades ajenas que hace de ellos grandes amigos. Su intelecto ofrece soluciones rápidas a conflictos difíciles de resolver; son por ello consejeros muy apreciados en su medio. Eficientes y laboriosos, pueden llevar a cabo descubrimientos útiles a la sociedad. Afectuosos en extremo con su pareja y familia, eluden todo tipo de rencillas. Sus valores espirituales los llevan a dar más de lo que reciben. Se sacrifican gozosos de poder ayudar y con frecuencia anteponen a su propio bienestar el de sus seres queridos o el de su comunidad.

Profesiones. Auspicia las relacionadas con la curación y ayuda a los enfermos. Investigación científica e invención de nuevos ingenios. Favorece también a los guías turísticos. A los conductores de transportes públicos. Empresas de mudanzas. Exploradores geográficos.

El ángel rebelde incita. A la ambición desmesurada por el éxito. A ser esclavo de la codicia. A creer que el fin justifica los medios y practicar la intriga y la calumnia.

Invocarlo es eficaz. Para evitar crisis profesionales. Descubrir la vocación adecuada. Para mantener una actitud serena en caso de rencillas familiares y eliminar rencores tenaces entre hermanos o cuñados. Inspira calma y deseos de obrar bien. Protege durante los viajes. Y ayuda a descubrir la hipocresía y la falsedad.

Plegaria: «Vuélvete a mí, Señor, y libera mi alma, sálvame por tu misericordia» (Salmo 6:5).

Las personas nacidas del 5 al 9 de abril pueden invocar **la ayuda de Elemiah** cualquier día del año. Los nacidos en otras fechas podrán hacerlo el: 8/1; 24/3; 4/6; 14/8; 24/10. La conexión será más propicia durante su horario de regencia: de 1.01 a 1.20 horas tras la salida del sol.

5

Mahasiah/Enmienda

Coro: Serafines.

Significa: Dios salvador.

Sefirot: *Kéter/Tiferet*/Belleza.

Planeta: Marte.

Signo zodiacal: Aries.

Color: Bermejo.

Mineral: Piedra de sangre.

Metal: Hierro.

Mensaje. Te aporto la esencia de la rectificación. Tras cometer un error serás capaz de rectificar y enmendarlo. En esta vida tendrás que saldar deudas con quienes te hayan ayudado en el pasado. Vivos o difuntos. Reconcíliate con unos y otros si tu gratitud no fue expresada. Tienes derecho a equivocarte. Pero también a rectificar. Cuando te asalten ideas contrarias a tu naturaleza esencial no las sigas. Ejercita la autodisciplina y mantente en lo que consideras correcto. Acepta los reproches ajenos sin intentar justificarte. Las críticas te darán oportunidad para examinar tus actos con objetividad y modestia. El estudio de las grandes tradiciones espirituales te ayudará a conocerte a ti mismo. Tu sendero espiritual se iluminará con el legado de esos sabios que te protegen desde la atalaya del tiempo.

Dones. Rasgos armoniosos de gran atractivo y equilibrio en el movimiento. Muy dados a gozar del ocio y a distraerse con placeres sensuales. No obstante, siempre lo hacen en su justa medida, sin perjudicar la salud. Dotados de facilidad de aprendizaje, lógica e inteligencia, obtienen óptimos resultados en cualquier tarea que emprendan, aunque no puede decirse lo mismo de su constancia. Prudentes y pausados al hablar, procuran no herir con su franqueza. Penetran con facilidad en el sentido oculto de los temas esotéricos. Aprenden idiomas con soltura. Podrían hallar el amor en el extranjero. Exteriorizan sus emociones con cortesía y eligen a parejas cariñosas. La convivencia con ellos es feliz y pacífica.

Profesiones. Aquellas que requieren capacidad para comprender conceptos abstractos, filosóficos, matemáticos, teológicos o psicológicos. También la traducción literaria. Intérpretes jurados, traductores simultáneos. Y oficios relacionados con la estética y la belleza.

El ángel rebelde incita. A la ingratitud y el olvido de quienes lo ayudaron en la vida. A juzgarse uno mismo virtuoso y sin ningún vicio, aunque en realidad la persona se entrega a ocios inútiles y no nutre bien su cuerpo ni su espíritu.

Invocarlo es eficaz. Para alcanzar sabiduría. Favorecer la armonía en las relaciones. Mejorar el carácter o el aspecto físico. Antes de presentarse a un examen u oposición para aprobarlos. En caso de emigrar en busca de empleo. Protege contra crisis internas y aporta claridad mental.

Plegaria: «Vuélvete a mí, Señor, y libra mi alma, sálvame por tu misericordia» (Salmo 33:5).

Las personas nacidas del 10 al 14 de abril pueden invocar **la ayuda de Mahasiah** cualquier día del año. Los nacidos en otras fechas podrán hacerlo el: 9/1; 25/3; 5/6; 15/8; 25/10. La conexión será más propicia durante sus horas de regencia: de 1.21 a 1.40 horas tras la salida del sol.

6

Lelahel/Luz

Coro: Serafines.

Significa: Dios loable.

Sefirot: *Kéter/Netzaj/*Victoria.

Planeta: Marte.

Signo zodiacal: Aries.

Color: Naranja.

Mineral: Sardónice.

Metal: Pirita.

Mensaje. Te aporto la esencia de la luz. Gozarás de fuerza e inteligencia para combatir las malas cualidades de tu naturaleza. Penetrarás en el sentido de tus motivaciones y descubrirás el propósito trascendente de tu estancia en esta tierra. Consciente de que nadie es autosuficiente en este cosmos, de que todo está en una relación de dependencia, progresarás desarrollando tu flexibilidad y poniendo a prueba tu orgullo. Al aceptar la influencia exterior desarrollarás con más eficacia tus propios talentos. Tu progreso material será entonces fulgurante. Controla, no obstante, tu ambición. No cedas a la tentación de obtener ganancias por medios ilícitos. Tu sustento material está asegurado, sólo tienes que sacarle partido a tus potencialidades. La confianza en ti mismo se incrementará progresivamente al mismo tiempo que tu claridad interior alumbrará tu senda.

Dones. Gran magnetismo físico y elocuencia carismática. Fuerza de voluntad y tesón extraordinarios en el logro de sus objetivos. Facultad para conectar con el mundo espiritual que permite comprender los sentimientos oscuros anidados en todo ser humano y la necesidad de erradicarlos. Facilidad para curar y ayudar a otros. En el trato pueden parecer secos y demasiado directos, pues hay períodos en que desean estar solos y en silencio para prepararse mejor en su profesión. Se vuelven más sociables al ponerse en marcha para difundir su trabajo e ideas. Y entonces suelen alcanzar gran popularidad, fama y fortuna.

Asimismo conquistarán con facilidad el amor de la persona elegida. Son cónyuges entregados que proporcionan bienestar y seguridad a su familia.

Profesiones. Las relacionadas con la medicina y la curación física o psíquica. También otorga suerte en el mundo de la ciencia o de las artes. Literatura, pintura, música, escultura, cine o teatro.

El ángel rebelde incita. A la ambición desmesurada por el éxito y la tentación de adquirir la fortuna por medios ilícitos. A creerse mejor que los demás y a no hacer autocrítica.

Invocarlo es eficaz. Para adquirir iluminación espiritual. Obtener la curación de una enfermedad propia o la de un ser querido, ya sea física o mental. Entablar relaciones amistosas y divertidas. Conseguir un matrimonio afortunado. Inspira seguridad a los tímidos. Protege contra la propia ambición cuando es desmedida.

Plegaria: «Cantad himnos al Señor que tiene su morada en el monte santo de Sión: anunciad entre las naciones sus proezas» (Salmo 9:12).

Las personas nacidas del 16 al 20 de abril pueden invocar **la ayuda de Lelahel** cualquier día del año. Los nacidos en otras fechas podrán hacerlo el: 10/1; 27/3; 7/6; 17/8; 27/10. La conexión será más propicia durante su horario de regencia: de 1.41 a 2.00 horas tras la salida del sol.

7

Ajaiah/Paciencia

Coro: Serafines.

Significa: Dios elevado.

Sefirot: *Kéter/Jojmá*/Sabiduría.

Planeta: Marte.

Signo: Aries.

Color: Encarnado.

Mineral: Rubí.

Metal: Hierro.

Mensaje: Te aporto la esencia de la serenidad y la paciencia. Soportarás las tormentas de la vida sin alterarte, con filosofía y entereza. Tus dotes de observación te permitirán descubrir los secretos escritos en la naturaleza, el paso de las estaciones, la necesidad del día y la noche, la órbita de los planetas. De todo cuanto percibes extraes enseñanzas para aplicar a tu vida cotidiana, te adaptarás a los cambios de tu cuerpo, de tu humor, de tus sentimientos. Y te comprenderás a ti mismo al verte reflejado en el universo. Te adelantarás a tu época y descubrirás a otros verdades no convencionales. Sin forzar ninguna situación, cultivando la quietud interior, calmando la agitación de los pensamientos con tu respiración, aprenderás cuándo actuar y cuándo detenerte. Trascenderás los impulsos del ego y sin nostalgia por el pasado o inquietud ante el futuro avanzarás en pos de tu desarrollo espiritual.

Dones. Rostro apacible. Mirada intensa y movimientos elegantes. Los patrocinados de Ajaiah se distinguen por su capacidad analítica y su ecuanimidad ante cualquier desdicha o impedimento. Francos pero no chismosos. Inclinados a indagar en temas místicos, en ocasiones su excesiva credulidad puede hacerlos víctimas de charlatanes. Son innovadores, investigadores, científicos que se adelantan a su tiempo. Muy perfeccionistas en su trabajo, pecan a veces de lentitud. En cuestiones de amor se guían más por el corazón que por la cabeza. Serían más dichosos eligiendo como compañeros a personas afines. Son excelentes padres y muy leales en sus relaciones afectivas.

Profesiones. Las relacionadas con la investigación científica de vanguardia, la experimentación química o biológica. Las especializadas en técnicas de última generación. Todos los trabajos que precisan paciencia: cuidado de ancianos, enfermos mentales, drogodependientes, minusválidos.

El ángel rebelde incita. A la pereza, la negligencia y la despreocupación por el estudio. A la superstición excesiva o a dar excesiva importancia a las coincidencias convirtiéndolas en experiencias sobrenaturales que sólo existen en la propia cabeza.

Invocarlo es eficaz. Cuando se precisa paciencia ante calamidades o para tratar con personas inabordables. Ayuda en trabajos que requieren mucha atención y minuciosidad. Otorga cambios laborales afortunados. Devuelve la esperanza ante la incomprensión o el abandono.

Plegaria: «Compasivo es el Señor y misericordioso, paciente, y de gran clemencia». (Salmo 102:8).

Las personas nacidas del 21 al 25 de abril pueden invocar **la ayuda de Ajaiah** cualquier día del año. Los nacidos en otras fechas podrán hacerlo el: 12/1; 28/3; 8/6; 18/8; 28/10. La conexión será más propicia durante su horario de regencia: de 2.01 a 2.20 horas tras la salida del sol.

Cahetel/Bendición

8

Coro: Serafines.

Significa: Dios adorable.

Sefirot: *Kéter/Yesod*/Fundamento.

Planeta: Venus.

Signo zodiacal: Tauro.

Color: Verde claro.

Mineral: Olivino.

Metal: Cobre.

Mensaje: Te aporto la esencia de la bendición. Todo cuanto emprendas estará marcado por el signo de la productividad y el éxito. La clave de tu fortuna es que nunca olvidas dar las gracias al cielo por todo cuanto obtienes. Tu corazón es el de alguien sencillo que se pregunta a diario por la justicia de sus acciones. Aunque el viento sople en contra conducirás con valor tu navío. El coraje hace que no exista nada capaz de matar la fuerza interior y tu propia autoestima. Sabrás liberarte del apego a lo material, deshacerte de la vanidad y la codicia. Centrado en mejorar tus cualidades personales. Ocupado en ser útil a la sociedad, a tu familia, a tus amigos. Intentarás enriquecer la vida de los demás intelectual o espiritualmente. Tu integridad hará que tu suerte sea constante. Perseguirás tus sueños y los alcanzarás. Escalarás las cumbres del conocimiento celestial.

Dones. Con la sonrisa franca de las personas sencillas. Hablar pausado y movimientos lentos con capacidad para desplegar gran energía, aunque a veces exageran y acaban fatigándose físicamente. Están tocados por una varita mágica y todas sus obras son fecundas. También aportan prosperidad a quienes los rodean o a las empresas para las que trabajan. La bonanza con que han sido dotados no les impide ser agradecidos con su suerte y generosos con quienes han sido menos favorecidos por la diosa fortuna. Hacen amigos con facilidad pues son cordiales en el trato. Muy leales en el amor, necesitan compartir su vida con alguien afín que cree a su alrededor un ambiente armonioso y libre de rencillas donde criar y educar a sus hijos.

Profesiones. Las relacionadas con la tierra y sus productos. La agricultura, la alimentación, la restauración. Los negocios y tratos comerciales de todo tipo.

El ángel rebelde incita: A la vanidad. A creerse único artífice de su éxito, olvidando dar gracias a quienes lo ayudaron. A ser fatalistas y caer en el abatimiento o la depresión cuando no se alcanza aquello que se desea.

Invocarlo es eficaz. Para lograr buenas cosechas agrícolas. Obtener prosperidad. Ayudar a alguien querido atormentado a causa de una crisis económica o afectiva. Liberarse de adicciones a sustancias dañinas o miedo irracional. Protege contra sortilegios y mal de ojo.

Plegaria: «Venid pues, adorémoslo; postrémonos, derramando lágrimas en la presencia del Señor que nos ha criado» (Salmo 94:6).

Las personas nacidas del 26 al 30 de abril pueden invocar **la ayuda de Cahetel** cualquier día del año. Los nacidos en otras fechas podrán hacerlo el: 12/1; 28/3; 8/6; 18/8; 28/10. La conexión será más propicia durante su horario de regencia: de 2.21 a 2.40 horas tras la salida del sol.

Querubines

9

Haziel/Misericordia

Coro: Querubines.

Significa: Dios adorable.

Sefirot: *Jojmá/Jojmá*/Sabiduría.

Planeta: Venus.

Signo zodiacal: Tauro.

Color: Verde olivo.

Mineral: Olivino.

Metal: Cobre.

Mensaje. Te aporto la esencia de la misericordia. La clemencia divina es de tal índole que cualquier falta, sea la que sea, se convierte en una gota de agua dentro de un infinito océano. Tendrás el privilegio de sentir esa gracia cada vez que tropieces en la vida. Conocerás en tu corazón el valor del perdón y la modestia. Serás indulgente contigo mismo pero también con el resto de los seres vivos, plantas, animales o personas. Comprende que aquello que ha sido echado a perder por errores humanos también puede corregirse mediante actos humanos. Quien cultiva en su interior la clemencia y elude acciones y juicios destructivos acaba por adoptar un modo de vida que contribuirá continuamente a su progreso espiritual. Tus elecciones te llevarán al centro de la sabiduría.

Dones. Belleza física, simpatía, bondad. Los patrocinados de Haziel se ganan el aprecio de los demás por su buen criterio y moderación. Cuando alguien los ofende no lo tienen en cuenta, aunque no resulta fácil aprovecharse de su magnanimidad, pues no son ingenuos. Dotados de un tacto especial y capacitados para puestos de liderazgo, saben ejercer su autoridad sin ser desagradables ni severos. Formarán pronto una familia a la que se entregarán sin reservas. Cubrirán con creces las necesidades de su pareja y de sus hijos, pues son generosos y están más dispuestos a dar que a recibir. Vivirán rodeados de armonía.

Profesiones. Favorece el magisterio. O la educación de niños y discapacitados. Misiones en países del Tercer Mundo. Colaboración con Organizaciones No Gubernamentales (ONG). El área del trabajo social en general. Y también la comunicación.

El ángel rebelde incita. A ocultar bajo un disfraz de modestia una soberbia empedernida. A la ingratitud. A sentirse ofendido con facilidad y guardar rencor eterno.

Invocarlo es eficaz. Para reconciliarnos con quienes nos han ofendido. Iniciar una nueva vida. Recuperar el cariño de la pareja. Éxito para personas sinceras de corazón. Protege contra el odio y la mentira y vela para que se cumplan las promesas que nos han sido hechas.

Plegaria: «Acuérdate, Señor, de tus piedades, y de las misericordias demostradas en los siglos pasados» (Salmo 24:6).

Las **personas nacidas** del 1 al 5 de mayo pueden invocar **la ayuda de Haziel** cualquier día del año. Los nacidos en otras fechas podrán hacerlo el: 13/1; 29/3; 9/6; 19/8; 29/10. La conexión será más propicia durante su horario de regencia: de 2.41 a 3.00 horas.

10

Aladiach/Gracia

Coro: Querubines.

Significa: Dios propicio.

Sefirot: *Jojmá*/*Biná*/Entendimiento.

Planeta: Venus.

Signo zodiacal: Tauro.

Color: Verde grisáceo.

Mineral: Jaspe verde.

Metal: Cobre.

Mensaje. Te aporto la esencia de la gracia. Considerarás toda herida y agravio recibidos en el pasado bajo la luz del perdón. Deja de sentirte atado al desdén o al daño que otros te han infligido. Rompe ese vínculo. No eres víctima de un destino aciago. Ni de una conspiración cósmica. Al contrario. Tienes la posibilidad de cambiar tu vida. De estar alegre al amanecer y dar gracias por otro nuevo día. Sé justo y moderado en tus actos y juicios. Renunciar a la ira y al resentimiento no significa que apruebes el comportamiento de quienes te maltrataron, sino que te sientes libre de los lazos que te unían a ellos. También te pone en disposición de recibir la curación del amor y la dicha que ello proporciona. Al entender el poder del perdón entrarás en un proceso de transformación portentoso. Tu forma de pensar y de sentir se verán inundadas de confianza en el futuro. Experimentarás una comprensión lúcida del sentido de tu existencia.

Dones. Fortaleza física y buena salud. Capacidad para aprender de los errores pasados y perdonarse a uno mismo sin dramatismos ni culpas inútiles. Los patrocinados de Aladiah son emprendedores creativos que alcanzan con suma facilidad el éxito en los negocios. También triunfan en la expresión artística. Algunos son grandes poetas. Poseen la virtud de entablar relaciones estrechas con personas influyentes que los protegerán toda su vida. Están casi siempre de buen humor. Pero se ponen muy serios cuando han de luchar contra la mentira, la tiranía o la injusticia. Siempre brindarán consuelo y comprensión a sus seres queridos, que, a su lado, se sentirán afortunados y protegidos.

Profesiones. Favorece el mundo de los negocios pues propicia el contacto con personas influyentes y potencia la actitud emprendedora. Auspicia la medicina, psiquiatría, psicología, sacerdocio. La literatura y la poesía, el canto o la música.

El ángel rebelde incita. A descuidar la salud del cuerpo y del espíritu mediante hábitos dañinos. A la pereza y falta de palabra en los tratos comerciales. También a entrometerse en las vidas ajenas hasta resultar agobiantes para otros.

Invocarlo es eficaz. Para calmar emociones turbulentas, angustias y temores fundados o infundados. Atrae la ayuda de personas poderosas y concede éxito en las empresas materiales. Devuelve la armonía.

Plegaria: «Venga, Señor, tu misericordia sobre nosotros, conforme esperamos en ti» (Salmo 32:22).

Las personas nacidas del 6 al 11 de mayo pueden invocar **la ayuda de Aladiah** cualquier día del año. Los nacidos en otras fechas podrán hacerlo el: 14/1; 30/3; 10/6; 20/8; 30/10. La conexión será más propicia durante su horario de regencia: de 3.01 a 3.20 horas.

11

Lauviah/Victoria

Coro: Querubines.

Significa: Dios loado.

Sefirot: *Jojmá/Jesed*/Bondad.

Planeta: Venus.

Signo zodiacal: Tauro.

Color: Rosa.

Mineral: Calcita rosada.

Metal: Cobre.

Mensaje. Te aporto la esencia de la victoria. Y tus triunfos serán numerosos tanto en lo espiritual como en lo material. Lucha por objetivos justos. Aléjate del orgullo que tienta a los vencedores. Sé generoso. Comparte con otros menos favorecidos tu alegría, tus conocimientos, tu tiempo, tu fortuna. Estarás dotado de un gran poder psíquico que te permitirá comprender los misterios de los dos mundos. El visible y el invisible. Penetrarás en los conceptos metafísicos y obtendrás con ello gran realización y conocimiento sobre ti mismo. Cuando estés satisfecho con lo aprendido tendrás que transmitirlo desinteresadamente. Al hacerlo progresarás en tu propio proceso de perfeccionamiento interior. En lo profesional o personal te esperan grandes logros que alumbrarán con su luz los esfuerzos de quienes sigan tus pasos.

Dones. Con gran facilidad para orientarse tanto en el espacio como en el tiempo, los patrocinados de Lauviah suelen tener complexión de atleta y una estrecha conexión entre la mente y el cuerpo que les proporciona salud y bienestar físico. Un tanto vanguardistas, algo extravagantes y caóticos al ordenar su espacio vital, son también muy sociables y divertidos. Y en su profesión suelen hacerse merecedores de grandes triunfos por sus propios talentos. Excesivamente generosos, siempre se muestran dispuestos a prestar su dinero, tiempo y esfuerzo para apoyar a otros. En el terreno afectivo son muy independientes emocionalmente. Parecen no necesitar a nadie. Pero cuando se enamoran son románticos, leales y detallistas con su pareja.

Profesiones. Aquellas que requieren habilidad y virtuosismo manual. Desde la costura a la música, la artesanía, la escultura. También las relacionadas con el estudio de la filosofía, la teología y la metafísica, o la poesía.

El ángel rebelde incita. A la envidia y la ambición. Al desorden interior y exterior. A aturdir la mente mediante sustancias tóxicas. A hablar mal de los demás. O a descuidar y malgastar las habilidades naturales a causa de la desidia.

Invocarlo es eficaz. Con el fin de obtener fama y reconocimiento por el propio talento. Mejorar las cualidades del carácter. Alejar las tentaciones cuando se desea abandonar un hábito dañino o una relación nociva. Aporta sabiduría y paz espiritual. Protege de la calumnia, la envidia y el chismorreo. Ayuda durante los viajes por mar en caso de tempestad.

Plegaria. «Señor, yo te alabaré entre las naciones, y cantaré himnos en honor de tu Nombre» (Salmo 17:50).

    Las personas nacidas del 12 al 16 de mayo pueden invocar **la ayuda de Lauviah** cualquier día del año. Los nacidos en otras fechas podrán hacerlo el: 15/1; 31/3; 11/6; 21/8; 31/10. La conexión será más propicia durante su horario de regencia: de 3.21 a 3.40 horas.

Hahaiah/Refugio

Coro: Querubines.

Significa: Dios refugio.

Sefirot: *Jojmá/Guevurá*/Poder.

Planeta: Venus.

Signo zodiacal: Tauro.

Color: Carmín.

Mineral: Coral.

Metal: Cobre.

Mensaje. Te aporto la esencia del refugio. Estarás protegido contra toda adversidad y tú mismo ampararás a otros. Mientras duermes quitaré la venda de tus ojos y entre la bruma de tus sueños te enviaré visiones de futuro. Presta atención a las imágenes oníricas porque en ellas hallarás la respuesta a tantas cosas ignotas que anhelas conocer. Interpretar tus sueños te ayudará a superar tu amnesia y recordar tu esencia primordial. Escribe aquello que ves en un diario, con tesón y paciencia. En las aventuras que vives mientras duermes tendrás contacto con una energía superior. Y cuando despiertes podrás apreciar el resplandor de la luz en cada uno de los instantes que la vida te regala. Sembrarás a tu alrededor paz y armonía. Y saborearás cada momento con el deleite reservado a los seres iluminados.

Dones. Rodeados de un halo magnético que los hace brillar, los patrocinados de Hahaiah son muy atractivos. De maneras dulces y discretas en su forma de hablar o moverse. Tienen el don de interpretar sus sueños y los ajenos. Son sabios y muy espirituales. En ocasiones predicen, aun sin proponérselo, situaciones venideras. Muy requeridos como consejeros profesionales de personas influyentes o asesores políticos. No se dejan arrastrar a discusiones y exponen sus razones con serenidad. Cariñosos y fieles con los que aman. Poseen un carisma especial que seduce a quienes se acercan a ellos. Suscitan mucha admiración. Y oportunidades de aventuras sentimentales no les faltan. Aunque ellos prefieren encontrar una persona con la que pasar toda su vida y entregarse por completo a la familia.

Profesiones. Favorece las relacionadas con la diplomacia, la política, los recursos humanos, la publicidad, y también la psicología o las actividades que facilitan la investigación del inconsciente y favorecen el desarrollo personal.

El ángel rebelde incita. A utilizar el don de la predicción o interpretación de sueños con fines egoístas, a la superstición y falsas creencias. A la indiscreción, los abusos de confianza y las mentiras.

Invocarlo es eficaz. Para obtener sueños premonitorios o hallar respuestas mientras dormimos. Cuando hay que estudiar para presentarse a un examen, pues aumenta la capacidad de concentración. Presta auxilio contra cualquier dificultad. Ayuda cuando hay que reconciliarse con un oponente. Protege contra engaños y fraudes.

Plegaria. «¿Por qué, Señor, te has retirado lejos, y me has desamparado en el tiempo más crítico de mi amargura?» (Salmo 10:1 o 9:22).

Las personas nacidas del 17 al 21 de mayo pueden invocar **la ayuda de Hahaiah** cualquier día del año. Los nacidos en otras fechas podrán hacerlo el: 16/1; 1/4; 12/6; 22/8; 1/11. La conexión será más propicia durante su horario de regencia: de 3.41 a 4.00 horas.

13

Yezalel/Fidelidad

Coro: Querubines.

Significa: Dios glorificado.

Sefirot: *Jojmá/Tiferet/*Belleza.

Planeta: Mercurio.

Signo zodiacal: Géminis.

Color: Azul claro.

Mineral: Ágata azul.

Metal: Mercurio.

Mensaje. Te aporto la esencia de la fidelidad al amor. La lealtad siempre marcará tu rumbo. Al menos una vez en la vida amarás como nunca más volverás a amar. Y esa experiencia, feliz o dolorosa, te abrirá las puertas que conducen a la percepción del mundo trascendente. Percibirás entonces la armonía en todo cuanto existe, en lo grande y lo pequeño, en la vejez y la juventud. No acumularás riquezas. Al contrario, repartirás a manos llenas y con alborozo tus dones más preciados: alegría, constancia y pasión. Tu alma viajera está protegida contra el error, la ignorancia y la mentira, y recorrerá senderos de luz derramando, generosa, aires de conciliación. A tu paso, hombres, mujeres y niños serán bendecidos con una lluvia inagotable del vibrante poder que contagia el éxtasis diario ante la Creación.

Dones. Con rasgos dulces y mirada risueña, los patrocinados de Yezalel se distinguirán por su memoria, que les permite recordar con exactitud lo aprendido y vivido durante su infancia. Fieles a sus primeros amigos, mantienen relación con ellos hasta la vejez. También conservan los juguetes, vestidos o muebles. No es por apego a lo material, sino por sentimiento de lealtad hacia su pasado. Con una mente lúcida y facilidad para la expresión oral, disciplinados en sus tareas y dispuestos siempre a colaborar, no tendrán impedimento para triunfar en la vida. Tienen además el don de elegir acertadamente a su pareja o a quienes pueden ayudarlo o contribuir a sus fines, por lo que su existencia será un camino de rosas.

Profesiones. Aquellas que precisan retener gran número de datos. Investigación científica. Programación informática. Archivo de bibliotecas. Librerías. Traducción. Economía y empresas de sociología y estadísticas. También quienes almacenan y organizan documentos o productos de cualquier clase. Asimismo son favorecidos los ajedrecistas.

El ángel rebelde incita. A la traición y a la mentira. Celos enfermizos y deslealtad en las relaciones sentimentales. Falta de perseverancia para conseguir objetivos.

Invocarlo es eficaz. Para mantener la fidelidad conyugal. Reconciliación en las desavenencias familiares. Reforzar la memoria. Vencer la timidez. Aporta intuición cuando necesitamos pedir un favor y nos indica a quién dirigirnos. Protege contra traiciones de personas cercanas.

Plegaria. «Al eco de las trompetas de metal y el sonido de los clarines mostrad alborozo en la presencia de este Rey que es el Señor» (Salmo 97:6).

Las personas nacidas del 22 al 26 de mayo pueden invocar **la ayuda de Yezalel** cualquier día del año. Los nacidos en otras fechas podrán hacerlo el: 17/1; 2/4; 13/6; 23/8; 2/11. La conexión será más propicia durante su horario de regencia: de 4.01 a 4.20 horas.

14

Mebahel/Justicia

Coro: Querubines.

Significa: Dios conservador.

Sefirot: *Jojmá/Ntezaj*/Victoria.

Planeta: Mercurio.

Signo zodiacal: Géminis.

Color: Malva.

Mineral: Ágata malva.

Metal: Mercurio.

Mensaje. Te aporto tres esencias que participan de una misma naturaleza: verdad, justicia y libertad. Cada una de ellas genera a la otra. Empléate a fondo en perseguir la verdad y serás libre de todo condicionamiento. Podrás entonces realizar actos ecuánimes o emitir opiniones equitativas. Separarás la cizaña del trigo, la luz de las tinieblas. Tu sabiduría y ejemplo liberarán a otros del sufrimiento inútil cuyo origen es el autoengaño. Profundiza en la raíz de emociones y situaciones, así te liberarás de los apegos que surgen de las falsas creencias. Dios reparte sus dones por igual entre justos e injustos, pero estos últimos los rechazan. ¿Y tú? ¿Aceptarás la responsabilidad que te ha sido concedida? No permitas que el poder que acumulas te vuelva impaciente o intolerante. Tu progreso depende de tu capacidad para demostrar benevolencia hacia la ignorancia y las carencias humanas. Ponte en camino. Has de dejar un gran legado que perdurará a través del tiempo.

Dones. Carisma que los convierte en el centro de atención en cualquier reunión. Energía mental y vigor físico excelentes. Trabajadores que raramente faltan a sus puestos, muy solidarios y siempre dispuestos a ayudar en todo cuanto se les pida. Su intuición les permite detectar las mentiras, y en caso de ser calumniados o despojados de sus bienes, consiguen sacar a relucir a los culpables y recuperan aquello que es suyo, fortuna o prestigio. Luchan por imponer la verdad y la justicia. Saben adaptarse a cualquier situación y demuestran una gran empatía que les permite comprender las necesidades ajenas. Suelen ocupar puestos de liderazgo y mucha responsabilidad. Triunfan con celeridad en cualquiera profesión que practiquen. En la relación familiar son muy acomodaticios y huyen del conflicto, por lo que la convivencia con ellos será muy pacífica.

Profesiones. Todas las relacionadas con la justicia: magistratura, abogacía, investigación policial. Auspicia también la política siempre que persiga la instauración del bien social y no la obtención de poder para un partido determinado. Y los puestos directivos en general.

El ángel rebelde incita. A utilizar la maldad ajena como pretexto para la propia. Acatar las órdenes dictatoriales de autoridades corruptas y opresoras. Al resentimiento si se sienten subestimados.

Invocarlo es eficaz. Para obtener un juicio justo. Reconquistar lo perdido injustamente. Saca a relucir la verdad. Protege contra los falsos testimonios. Libera a los oprimidos.

Plegaria. «El Señor es el amparo del pobre, socorriéndolo oportunamente en la tribulación» (Salmo 9:10).

Las personas nacidas del 27 al 31 de mayo pueden invocar **la ayuda de Mebahel** cualquier día del año. Los nacidos en otras fechas podrán hacerlo el: 18/1; 3/4; 14/6; 24/8; 3/11. La conexión será más propicia durante su horario de regencia: de 4.21 a 4.40 horas.

15

Ariel/Purificación

Coro: Querubines.

Significa: Dios creador.

Sefirot: *Jojmá/Hod*/Reconocimiento.

Planeta: Mercurio.

Signo zodiacal: Géminis.

Color: Lila.

Mineral: Calcedonia.

Metal: Mercurio.

Mensaje. Te aporto la esencia de la purificación. La pureza mental te llevará a la pureza espiritual y ésta te dará deseos de conectar con tu esencia. Allí, en el centro de tu ser, me encontrarás a mí, dispuesto a insuflarte aliento y guía. Aléjate del mundanal ruido. Aprende a perderte en ti mismo. Abísmate en la contemplación de tu respiración y los vaivenes de tu mente hasta dejarla vacía de todo pensamiento o emoción. Conviértete en el herrero de tu alma. Pule el vil metal de los bajos instintos en la fragua de la autocrítica hasta sacarle brillo a tu carácter. En la devoción hacia el servicio a tu familia o a la sociedad entenderás que ésta es precisamente la meta más sublime, pues te obliga a dejar tu egoísmo a un lado. Despierta, levántate y saca lustre a tu corazón. En el preludio del amanecer los misterios arcanos te serán susurrados al oído.

Dones. Inquietos, muy ágiles y dotados especialmente para los deportes. Son muy curiosos e hiperactivos. Sus ideas originales y vanguardistas los hacen sobresalir en el campo del arte, la moda o el diseño de interiores y la decoración. También gozan de gran facilidad de palabra, por lo que pueden ser excelentes maestros u oradores. Tienen el don de la armonía y crean a su alrededor ambientes cálidos y luminosos que atraen a los demás. Con aspiraciones intelectuales elevadas, buscan la compañía de personas que pueden enriquecerlos espiritualmente, pues su necesidad de aprender es inagotable. Seguirán esta pauta al elegir pareja. Sus familiares, hijos o amigos se sorprenderán siempre de lo informados que están de todo.

Profesiones. Favorece el arte, la moda o la decoración. También la administración, la enseñanza, el deporte, la nutrición o la medicina especializada en endocrinología. Asimismo la psicología especializada en combatir la adicción a sustancias, juego o relaciones dañinas.

El ángel rebelde incita. Al fanatismo religioso. La rigidez moral y la falta de tolerancia nublarán la mente. A la falta de fe. Y a costumbres perniciosas que, más que satisfacer, fatigan y enojan.

Invocarlo es eficaz. Para liberarnos de malos hábitos o combatir la negatividad. Conectar con el yo interior. Despertar la creatividad artística. Conseguir mejoras en el trabajo. Devuelve la fe y la sensación de cercanía con el mundo angelical. Protege contra la angustia, las luchas fraticidas y las falsas creencias.

Plegaria. «El Señor me ha servido de refugio; ha sido mi Dios el sostén de mi esperanza» (Salmo 93:22).

   Las personas nacidas del 1 al 6 de junio pueden invocar **la ayuda de Ariel** cualquier día del año. Los nacidos en otras fechas podrán hacerlo el: 19/1; 4/4; 15/6; 25/8; 4/11. La conexión será más propicia durante su horario de regencia: de 4.41 a 4.50 horas.

16

Hekamiah/Lealtad

Coro: Querubines.

Significa: Dios que erige el universo.

Sefirot: *Jojmá/Yesod*/Fundamento.

Planeta: Mercurio.

Signo zodiacal: Géminis.

Color: Escarlata.

Mineral: Turmalina roja.

Metal: Mercurio.

Mensaje. Te aporto la esencia de la lealtad. Tu alma bebió antes de nacer en la fuente de la nobleza espiritual. Las adversidades de la existencia son para ti lecciones de las que aprender algo sobre ti mismo. Sin quejarte, sin fatiga, como un príncipe en busca del dragón que oprime a su nación, te enfrentarás a los desafíos sin traicionar tus principios morales. Lejos de buscar al enemigo en el exterior lo identificarás en tu interior y lo vencerás con el oro de tu excelencia. Y así tu ser terrenal se hallará en sintonía con tu ser celestial. Caminarás por sendas abruptas sin lamentos, siempre en busca de la perfección. Tu naturaleza arraiga en la esencia divina. Permanece leal a ese vínculo y acabarás encontrando los tesoros reservados a los nobles de espíritu.

Dones. De mirada y sonrisa francas. Joviales al hablar. Los patrocinados de Hekamiah tienen un corazón noble incapaz de mentir o intrigar. Su código ético es elevado. Y su lealtad férrea los convierte en los mejores amigos, hijos, hermanos, padres o esposos. No se rinden nunca ante las dificultades. Y son capaces de realizar los mayores sacrificios con tal de seguir siendo fieles a su código ético. Su facilidad para tomar decisiones acertadas y preocuparse por el bien de los demás los capacita para puestos directivos y la organización de equipos. En el trato son muy cariñosos y les gusta recibir muestras de afecto. Tardan en encontrar a la persona con quien compartir definitivamente su vida porque idealizan el amor. Cuando al fin la hallan, construirán juntos una existencia muy satisfactoria.

Profesiones. Todas las que precisan de personas capaces de tratar asuntos polémicos. Diplomáticos, mediadores, árbitros, políticos, sacerdotes.

El ángel rebelde incita. A la inconstancia en las relaciones sentimentales. A jugar con los corazones de otros. También a la traición y a la rebeldía.

Invocarlo es eficaz. Para obtener el favor de personajes de elevada posición. Victoria sobre enemigos. Ayuda a restablecer el vínculo amoroso entre cónyuges. Inspira decisiones sabias a quien tiene a su cargo el bienestar de una familia, grupo o nación. Protege contra traidores y personas desleales.

Plegaria. «¡Señor, Dios de mi salud, día y noche estoy clamando en tu presencia!» (Salmo 87:1).

Las personas nacidas del 7 al 11 de junio pueden invocar **la ayuda de Hekamiah** cualquier día del año. Los nacidos en otras fechas podrán hacerlo el: 20/1; 5/4; 16/6; 26/8; 5/11. La conexión será más propicia durante su horario de regencia: de 5.01 a 5.20 horas.

Tercer coro

Tronos

17

Lauviel/Revelación

Coro: Tronos.

Significa: Dios admirable.

Sefirot: *Biná/Jojmá*/Sabiduría.

Planeta: Mercurio.

Signo zodiacal: Géminis.

Color: Azul profundo.

Mineral: Amatista.

Metal: Mercurio.

Mensaje. Te aporto la esencia de la revelación. A través de tus sueños descubrirás cómo armonizar la lucha interna entre tus tendencias superiores e inferiores. Escríbelos al despertar. Esta práctica te abrirá la puerta de la ciencia del cielo y la comprensión súbita de verdades que atañen a tu carácter o a tus objetivos vitales. Superarás también mediante este conocimiento traumas del pasado. Y tomarás decisiones acertadas. Entenderás que la fama y el dinero no sobrevivirán al tiempo que te ha sido concedido. Al ser consciente de esta evidencia, tu espíritu recordará de dónde procede y te invitará a ponerte en marcha para regresar al hogar. La contemplación de la naturaleza te devolverá el aroma del jardín primordial. Recorrerás el camino de retorno y otros seguirán tus huellas.

Dones. Rasgos juveniles, espontaneidad y alegría infantil que se torna seriedad cuando hay que afrontar situaciones delicadas. Los patrocinados de Lauviel son divertidos pero comedidos al hablar y actuar. Poseen gran intuición y facilidad para acceder a verdades ocultas o a hechos futuros mientras sueñan. Se interesan por la filosofía o las religiones. Muy creativos, a menudo expresan su conexión con el mundo espiritual a través de su arte. Son buenos líderes y saben cómo tratar a sus subalternos. Requieren períodos de soledad para asimilar aquello que estudian. Compañeros sentimentales afables, aunque un tanto introvertidos, no dejan de ser pragmáticos y preocuparse por el bienestar de sus seres queridos. Su familia encuentra siempre en ellos el apoyo que necesita.

Profesiones. Todas las relacionadas con el estudio de conceptos abstractos o religiosos. Filósofos, psicólogos, teólogos, ocultistas, buenos consejeros o intérpretes de sueños y símbolos esotéricos. También artistas, músicos, poetas, pintores.

El ángel rebelde incita. A autoerigirse en profeta o guía de otras personas sin estar preparado. A inculcar en otros falsas creencias. A desarrollar teorías filosóficas sin fundamento.

Invocarlo es eficaz. Para invocar sueños premonitorios. Combatir la tristeza, la depresión o cualquier dolencia espiritual. El estudio de temas metafísicos o esotéricos. Otorga inspiración artística. Protege contra la negatividad enviada por otras personas.

Plegaria. «Señor, dueño nuestro, cuán admirable es tu Santo Nombre en toda la redondez de la Tierra!» (Salmo 8:1).

Las personas nacidas del 12 al 16 de junio pueden invocar **la ayuda de Lauviel** cualquier día del año. Los nacidos en otras fechas podrán hacerlo el: 21/1; 6/4; 17/6; 27/8; 6/11. La conexión será más propicia durante su horario de regencia: de 5.21 a 5.40 horas.

18

Caliel/Justicia

Coro: Tronos.

Significa: Dios pronto a socorrer.

Sefirot: *Biná/Biná*/Justicia.

Planeta: Mercurio.

Signo zodiacal: Géminis.

Color: Amarillo.

Mineral: Citrino.

Metal: Mercurio.

Mensaje. Te aporto la esencia de la justicia. Comprensivo y tolerante de pensamiento, palabra y obra gozarás de la agudeza necesaria para separar lo verdadero de lo falso. Lo justo de lo injusto. Este don te permitirá detectar qué circunstancias te son favorables. Tu don de la oportunidad te permitirá aprovechar ocasiones que se presentan al azar. De ese modo atraerás la suerte y alejarás el infortunio. Pon tus habilidades al servicio de inocentes y desamparados. Podrías llegar a ocupar puestos de gran responsabilidad. Desde tu posición conseguirás que el bien se imponga al mal. Sacarás a la luz calumnias y difamaciones. Tienes el privilegio de poder difundir, con la rapidez de un jinete alado, la bondad, la integridad y la sencillez que tú mismo has alcanzado. No lo desperdicies, porque otros necesitan que te embarques en esa cruzada.

Dones. Gran sentido común y tendencia a analizar cada detalle. Integridad en la forma de actuar y juzgar. Los patrocinados de Caliel se inclinarán a buscar un objetivo profesional que satisfaga su necesidad de enmendar las conductas sociales erróneas. Poseen gran intuición rayana en la clarividencia. De inmediato saben si alguien miente o dice la verdad. Serían por ello muy buenos abogados, jueces o detectives. Muy independientes en el trabajo y la vida doméstica, precisan empleos en los que puedan tomar iniciativas. Son prácticos pero no desean acumular riquezas. En las relaciones sentimentales son muy protectores y benevolentes con la pareja y la familia. Y aun sin tener mucho tiempo para ellos se ocupan de su bienestar. Sus seres queridos se sentirán siempre cuidados y amados.

Profesiones. Todas las relacionadas con la defensa de las leyes sociales, la abogacía, la judicatura o la vigilancia policial. También destacan como políticos, militares, misioneros o abanderados de causas nobles que recorren el mundo intentando conmover las conciencias ajenas para ayudar a los más necesitados.

El ángel rebelde incita. A manipular las leyes en el propio beneficio. A la práctica de costumbres corruptas y utilizar el poder en beneficio propio.

Invocarlo es eficaz. Para sacar a relucir la verdad en los pleitos. Demostrar la propia inocencia. Empezar de nuevo en la vida tras haber pagado por una conducta errónea. Protege contra los abogados deshonestos y estafadores que engañan al cliente y sólo buscan su propio beneficio.

Plegaria. «Júzgame, Señor, según mi justicia, y según la inocencia que hay en mí» (Salmo 7:9).

Las personas nacidas del 17 al 21 de junio pueden invocar **la ayuda de Caliel** cualquier día del año. Los nacidos en otras fechas podrán hacerlo el: 22/1; 7/4; 18/6; 28/8; 7/11. La conexión será más propicia durante su horario de regencia: de 5.41 a 6.00 horas.

19

Leuviael/Inteligencia

Coro: Tronos.

Significa: Dios auxiliador.

Sefirot: *Biná/Jesed/*Inteligencia.

Planeta: Luna.

Signo zodiacal: Cáncer.

Color: Plateado.

Mineral: Cuarzo.

Metal: Plata.

Mensaje. Te aporto la esencia del entendimiento. Estás dotado de una inteligencia productiva capaz de asimilar materias intrincadas. Una memoria excepcional te permitirá aplicar las lecciones de experiencias pasadas al presente. Si cultivas tus talentos y tu imaginación creadora serás capaz de desarrollar siete cualidades que te otorgarán gran felicidad en tu vida cotidiana, además de acercarte a la experiencia de unidad con el mundo celestial: sabiduría, justicia, rectitud, amabilidad, compasión, verdad y paz. A través de la práctica de estas virtudes conectarás con facilidad con los mundos superiores, te revestirás de una capa de luz y optimismo capaz de alejar toda negatividad. La enfermedad se transformará en salud, la cólera en tolerancia, la soberbia en modestia. Conocerás la belleza de tu ser interior y cesarás en la lucha contigo mismo. La alegría y el júbilo serán la recompensa.

Dones. Joviales y simpáticos, los patrocinados de Leuviael gozan de gran energía y paciencia. Soportan con resignación las desdichas. Su sabiduría procede de su excelente memoria. Son capaces de analizar en un instante las experiencias pasadas y aplicar ese conocimiento a los problemas del presente. Muy buenos comunicadores, en cualquier trabajo se mostrarán leales, modestos, sencillos y de trato fácil. En las relaciones sentimentales se comportan con amabilidad. Aunque en ocasiones son en exceso protectores. Se inmiscuyen de buena voluntad en la vida de sus seres queridos y los privan de toda iniciativa, un afán que no siempre es aceptado ni comprendido.

Profesiones. Aquéllas en las que se requiere muy buena memoria y capacidad de comunicación. Investigación científica, programación de ordenadores, análisis de datos, archivo de documentos, periodismo, traducción, oposiciones de cualquier tipo, almacenamiento de productos.

El ángel rebelde incita. A no olvidar los errores del pasado y utilizar la propia culpa o el rencor para cometer más desenfrenos. A mortificarse uno mismo creyéndose un ser despreciable y sin remedio. A manipular la vida de los otros.

Invocarlo es eficaz. Para vencer la desesperanza. Aumentar la memoria frente a un examen u oposición. Ayuda a perdonar los errores propios o ajenos. Auspicia la concepción de hijos. Otorga inspiración artística y poética. Nos protege contra nosotros mismos y los deseos de autocastigarnos.

Plegaria. «Con ansia suma estuve aguardando al Señor, y por fin inclinó a mí sus oídos» (Salmo 39:1).

Las personas nacidas del 22 al 27 de junio pueden invocar la ayuda de Leuviael cualquier día del año. Los nacidos en otras fechas podrán hacerlo el: 23/1; 8/4; 19/6; 29/8; 8/11. La conexión será más propicia durante su horario de regencia: de 6.01 a 6.20 horas.

20

Pahaliah/Redención

Coro: Tronos.
Significa: Dios redentor.
Sefirot: *Biná/Guevurá/*Poder.
Planeta: Luna.
Signo zodiacal: Cáncer.
Color: Blanco azulado.
Mineral: Aguamarina.
Metal: Plata.

Mensaje. Te aporto la esencia de la redención. Las puertas del cielo nunca están cerradas para el lamento sincero. El sino del hombre es elegir su destino. No temas equivocarte. Tu temor a contradecir las leyes divinas te permite discernir la conducta adecuada ante cada dilema. Y si en algún instante albergaras aún dudas, te bastará para no errar acordarte de tu origen; reflexionar sobre tu fin; preguntarte: ¿te estás preparando para dar cuenta un día de tus acciones? Controla tus impulsos, emociones y deseos. Son los únicos que pueden ponerte la zancadilla en tu progreso. Cuenta hasta diez antes de actuar. La verdad redentora se halla en tu corazón, en la experiencia de unidad con la creación. Descúbrela en el silencio de la soledad. Y te convertirás en un hombre bienaventurado, de aquellos capaces de mostrar a otros el fulgor de la luz avivada y renacida en tu interior.

Dones. La característica más acusada de los patrocinados de Pahaliah es su facilidad para hablar y aprender idiomas. Gozan estudiando todo tipo de cosas y son grandes lectores. Con una percepción muy clara de la unión entre lo profano y lo sagrado, se sienten inclinados a observar los preceptos de una religión, sea la de sus padres o cualquier otra que descubran en su madurez. Aceptan bien las críticas, pues su deseo es ser cada día mejores. Atraídos por los estudios teológicos o filosóficos, aman la castidad y la soledad. Aquellos que optan por casarse podrían encontrar a su pareja entre personas de otros países. Su conducta tiende a ser ejemplar, pues creen que sólo así podrán educar bien a sus hijos.

Profesiones. Favorece aquellas que requieren vocación sacerdotal o misionera. Auspicia la vocación por prestar servicio médico en países poco desarrollados. Propicia la traducción y la interpretación de idiomas. Ayuda a profesores, periodistas y escritores.

El ángel rebelde incita. A expandir falsas creencias mediante el proselitismo. Al fanatismo religioso. A utilizar el poder de convicción para captar y tiranizar a seguidores y discípulos.

Invocarlo es eficaz. Para liberarnos de complejos de culpa que nos impiden progresar. Encontrar la vocación profesional en la que obtener más éxito. Aporta armonía física y espiritual. Muy útil en época de matriculación universitaria. Protege contra los ataques de pánico y el desasosiego interior. También contra charlatanes religiosos.

Plegaria. «Libra, Señor, mi alma de los labios mentirosos y la lengua traicionera» (Salmo 19:2).

Las personas nacidas del 28 de junio al 2 de julio pueden invocar **la ayuda de Pahaliah** cualquier día del año. Los nacidos en otras fechas podrán hacerlo el: 24/1; 9/4; 20/6; 30/8; 9/11. La conexión será más propicia durante su horario de regencia: de 6.21 a 6.40 horas.

21

Nelkhael/Afán de aprend

Coro: Tronos.

Significa: Dios solo y único.

Sefirot: *Biná/Tiferet/*Belleza.

Planeta: Luna.

Signo zodiacal: Cáncer.

Color: Nacarado.

Mineral: Perla.

Metal: Plata.

Mensaje. Te aporto la esencia del afán de aprender. Perseguirás el conocimiento de ti mismo. Y tendrás la fortuna de alcanzarlo. Atención y concentración serán tus armas. Como los héroes mitológicos te enfrentarás con ellas a las pruebas diarias y saldrás vencedor y ungido de sabiduría. No hay nadie en el mundo que no pueda llegar a la perfección más eminente cumpliendo con amor las tareas comunes. Los hombres santos consideran crucial cada instante, pues a cada momento se ha de elegir entre el camino que lleva a la luz y la vida o el que conduce a las tinieblas y la muerte. Tu cometido final será compartir con otros todo cuanto has aprendido en tu peregrinación existencial. Instruir a los demás, preservándolos de la ignorancia y los prejuicios, te hará avanzar en una mayor comprensión de tus motivaciones y objetivos.

Dones. De frente despejada, mirada serena y elegantes en el vestir. Los patrocinados de Nelkhael logran un gran nivel de conocimiento espiritual e intelectual. Su mente, capaz de relacionar entre sí los temas más diversos, les da acceso a asimilar materias difíciles como las matemáticas o la astronomía. Respetuosos con las razones de los demás y enemigos de la maledicencia. Prefieren las reuniones y cenas en lugares pequeños a las grandes fiestas. Eligen una pareja con la que compartir objetivos. Y son muy exigentes con los estudios de sus hijos, quienes tendrán que estar a la altura de los logros de su progenitor. Crearán en su casa o lugar de trabajo un entorno armonioso y apacible donde la belleza tendrá un lugar importante.

Profesiones. Favorece todas las que requieren comprensión elevada de conceptos abstractos o difíciles. Astronomía, matemáticas, geometría, ingeniería, física, arquitectura. También inspira habilidades para la poesía y literatura en general, pues otorga facilidad de expresión.

El ángel rebelde incita. A permanecer en la ignorancia y despreciar la cultura y a los intelectuales. A dar rienda suelta al mal humor y la maledicencia. A detestar la limpieza y preferir permanecer en lugares sucios.

Invocarlo es eficaz. Para favorecer la capacidad de aprendizaje o el estudio de las matemáticas. Inspira juicios sensatos. Ayuda a los oprimidos a liberarse. Otorga protección contra la difamación, el mal de ojo y la magia negra.

Plegaria. «Señor, no quede yo confundido, tras haberte invocado». (Salmo 30:18).

Las personas nacidas del 3 al 7 de julio pueden invocar la **ayuda de Nelkhael** cualquier día del año. Los nacidos en otras fechas podrán hacerlo el: 25/1; 10/4; 22/6; 31/8; 10/11. La conexión será más propicia durante su horario de regencia: de 6.41 a 7.00 horas.

22

Iaiel/Renombre

Coro: Tronos.

Significa: La derecha de Dios.

Sefirot: *Biná/Netzaj/*Victoria.

Planeta: Luna.

Signo zodiacal: Cáncer.

Color: Azul noche.

Mineral: Selenita.

Metal: Platino.

Mensaje. Te aporto la esencia del renombre. Obtendrás el reconocimiento y la admiración social por tus méritos. Y precisamente por ello tendrás que cultivar más tu alma y nutrirla con prácticas y mayor conocimiento espiritual. No puedes vivir sólo de los logros materiales que alcanzarás. Si no lo haces, probablemente te acabarás ahogando en tu propio narcisismo, orgullo y soberbia. Ata bien corto a estos malos compañeros de viaje o ellos te aprisionarán a ti sin que te des cuenta. Aléjate de todo egoísmo y obstinación. Entrégate a tu trabajo en este mundo, pero no vivas sólo para este mundo. El anhelo personal por el triunfo o el miedo a perder tus privilegios no te mostrarán el camino al Paraíso. Al contrario, podrían causarte sufrimiento. En cambio, compartir con humildad cuanto obtengas, cultivar tus buenas cualidades y dar gracias al cielo por todo cuanto tienes convertirá el sendero triunfal de tu existencia en un camino de rosas y no de espinas.

Dones. Gran carisma y atractivo físico. Sensatos, responsables, los patrocinados de Iaiel encaran los obstáculos con una inteligencia clara.

Poseen la capacidad de profundizar en una sola materia hasta dominarla. Su especialización, aun a riesgo de hacerlos desconocer otras muchas cosas, les vale con frecuencia el respeto de sus semejantes y les otorga fortuna y fama. Su facilidad para adaptarse al entorno y a las normas de la sociedad los hace ser colaboradores. En ocasiones eligen profesiones que impliquen desplazamientos largos. Su círculo de amigos es pequeño pero muy íntimo. Siempre de buen humor y afables con su pareja. Su familia se sentirá muy orgullosa de ellos. Aunque para sus hijos supondrá un reto superar los grandes logros de su progenitor.

Profesiones. Favorece las relacionadas con los viajes marítimos, también con la ciencia o el periodismo científico, la diplomacia, el comercio, o las empresas altruistas y filantrópicas.

El ángel rebelde incita. A no agradecer la ayuda recibida. A aprovecharse de la ingenuidad ajena. A engañar a otros y timarlos.

Invocarlo es eficaz. Para obtener respeto, fortuna y fama en la profesión elegida. Ayuda a los comerciantes a aumentar sus ventas. Protege contra tormentas y naufragios en los viajes por mar. También contra las crisis internas. Y contra los ladrones y enemigos externos e internos.

Plegaria. «El Señor es el que te custodia: el Señor está a tu lado para defenderte» (Salmo 120:5).

Las **personas nacidas** del 8 al 12 de julio pueden invocar **la ayuda de Iaiel** cualquier día del año. Los nacidos en otras fechas podrán hacerlo el: 26/1; 11/4; 22/6; 1/9; 12/11. La conexión será más propicia durante su horario de regencia: de 7.01 a 7.20 horas.

23

Melahel/Curación

Coro: Tronos.
Significa: Dios libertador.
Sefirot: *Biná*/*Hod*/Gratitud.
Planeta: Luna.
Signo zodiacal: Cáncer.
Color: Añil.
Mineral: Lapislázuli.
Metal: Platino.

Mensaje. Te aporto la esencia de la curación a través del amor. Desearás servir a los demás. Ayudarlos a superar sus dolencias. El sentimiento de compasión albergado es por sí solo una fuente inagotable de aguas sanadoras. Su efecto terapéutico también hará efecto en ti. Te transformarás en un alquimista de tu propia naturaleza. Reconocerás la fragmentación a la que todo ser humano está sometido. Descubrirás mediante la práctica de técnicas de meditación que la agitación de tus pensamientos te impide alcanzar la serenidad. Integrarás y armonizarás los distintos aspectos de tu ser, transmutarás en conocimiento las experiencias que te llevan a vivir tus emociones y sensaciones físicas. El resultado será la liberación del espíritu encarcelado. Y, por ende, el logro de un equilibrio absoluto que te devolverá el aroma olvidado de la eternidad.

Dones. Con una inclinación natural al ejercicio físico, los patrocinados de Melahel suelen tener cuerpo de gimnasta o bailarín. Son atrevidos, amigos de expediciones a la naturaleza donde les gusta recolectar plantas y experimentar con las virtudes terapéuticas de la flora. Desde pequeños muestran su predilección por cuidar a mascotas abandonadas o mimar a personas que están sufriendo. Son afectuosos en el trato y muy compasivos. Les gusta solucionar problemas ajenos. En algunos casos esta actitud los lleva a erigirse en líderes de causas olvidadas. Sus acciones son nobles y exitosas. Sin mucha prisa por llegar a un compromiso sentimental dada su necesidad de estar solos, su pareja ha de ser algo introvertida y reservada. Y compartir la afición por los espacios abiertos. Entonces será feliz.

Profesiones. Favorece las relacionadas con la fitoterapia y herboristería. Medicina, enfermería, naturopatía. También propicia las labores agrícolas. Así como la investigación en laboratorios químicos, fabricación de perfumes o elixires curativos.

El ángel rebelde incita. A descuidar el organismo con una mala nutrición y hábitos dañinos. Una obsesión enfermiza por controlar el entorno olvidándose de su evolución personal.

Invocarlo es eficaz. Para sanar de cualquier dolencia física o psíquica. Protege contra contagios e infecciones. También contra las armas y ladrones. Salvaguarda especialmente a policías o militares. Es muy útil invocarlo durante viajes largos a países en guerra.

Plegaria. «El Señor te guardará en todos los pasos de tu vida, desde ahora y para siempre». (Salmo 120:8).

Las personas nacidas del 13 al 18 de julio pueden invocar **la ayuda de Melahel** cualquier día del año. Los nacidos en otras fechas podrán hacerlo el: 27/1; 12/4; 23/6; 2/9; 12/11. La conexión será más propicia durante su horario de regencia: de 7.21 a 7.40 horas.

24

Haheuiah/Protecció

Coro: Tronos.

Significa: Dios bueno por sí mismo.

Sefirot: *Biná/Yesod*/Bondad.

Planeta: Luna.

Signo zodiacal: Cáncer.

Color: Albaricoque.

Mineral: Piedra de luna.

Metal: Plata.

Mensaje. Te aporto la esencia de la protección. No sigas huyendo de tu propio desasosiego. Conecta con tu espíritu. Profundiza en aquello que ya conoces de ti mismo y de tu vida. ¿Acaso no has estado siempre protegido por una instancia superior? Nada ni nadie puede hacerte daño. Los seres humanos no sufren porque Dios los castigue, sino porque cierran sus ojos ante el resplandor infinito que fluye del cielo en forma de bendiciones. Velan así su posibilidad de liberarse de los tormentos que los afligen. Prefieren ser presos de su miedo ante la posibilidad de una pérdida o de su ansiedad ante la incertidumbre de una ganancia. No bajes los párpados, deja que la luz inunde tu mirada y derrita la oscuridad de tu naturaleza. Aprende a ver en tu enemigo a un hermano. Ese logro tan difícil será el que te haga sentirte a salvo cada momento de tu vida.

Dones. De hablar franco y mirada sincera, los patrocinados de este Haheuiah poseen un encanto especial. La gente se siente muy cómoda en su presencia. Aprenden rápido de sus errores y es difícil que cometan las mismas faltas. Tienen la gracia de la misericordia divina. Incluso aquellos que hayan cometido delitos involuntariamente se librarán de la justicia humana y sólo tendrán que comparecer ante el Tribunal del Cielo. Poseen también el don de conectar fácilmente con los ángeles, los espíritus de personas fallecidas o entidades sobrenaturales. Viajeros incansables, hacen amigos con gran facilidad, saben escuchar y ayudar a otros a solucionar sus problemas. En las relaciones sentimentales son excesivamente reservados, pues ocultan sus sufrimientos. Demoran el compromiso, pero cuando encuentran la pareja idónea forman familias sólidas y felices.

Profesiones. Las relacionadas con la asistencia social a emigrantes, exiliados, presos políticos, delincuentes, personas sin techo, fugitivos de la justicia. Favorece el servicio social.

El ángel rebelde incita. A lucrarse por todo tipo de medios ilícitos. Fomenta en la persona un carácter violento que lo hace enfurecerse ante las críticas y le impide vivir tranquilo.

Invocarlo es eficaz. Para obtener protección en momentos críticos. Y el perdón inmediato de las malas acciones cuando han sido involuntarias. Para superar el dolor de la pérdida de un ser querido. Es amigo de los desvalidos. Protege de la justicia de los hombres y de la venganza. Y también de ladrones y asesinos.

Plegaria. «He aquí los ojos del Señor puestos en los que lo temen y los que confían en su misericordia» (Salmo 32:18).

Las personas nacidas del 19 al 23 de julio pueden invocar **la ayuda de Haheuiah** cualquier día del año. Los nacidos en otras fechas podrán hacerlo el: 28/1; 13/4; 24/6; 3/9; 13/11. La conexión será más propicia durante su horario de regencia: de 7.41 a 8.00 horas.

Cuarto coro

Dominaciones

25

Nith-Haiah/Gnosis

Coro: Dominaciones.
Significa: Dios que da sabiduría.
Sefirot: *Jesed/Jojmá/*Sabiduría.
Planeta: Sol.
Signo zodiacal: Leo.
Color: Dorado.
Mineral: Diamante.
Metal: Oro.

Mensaje. Te aporto la esencia de la gnosis. En tu corazón anida un gran anhelo por obtener sabiduría. Esta pasión será el astrolabio mágico que te guiará por el orbe terrestre y el firmamento en busca de la verdad. Accederás en sueños a la escuela estelar donde aprenderás la ciencia del universo. Tu incansable peregrinaje en pos del mundo invisible te llevará a encontrar valiosos guías espirituales o a contactar con seres celestiales. Vencerás tus inclinaciones negativas, tu tendencia a evitar la disciplina. O a querer recoger el fruto antes de sembrarlo. Aprenderás que todo requiere un tiempo. Y que, como el buen violinista, sólo a través de la repetición lograrás el virtuosismo. Haz buen uso del poder espiritual que te ha sido otorgado. Ama la paz, el silencio y la soledad, porque en ellos hallarás el gozo. Sólo cuando estés verdaderamente preparado podrás ayudar a los demás.

Dones. De rostro agradable y gran carisma, los patrocinados de Nith-Haiah son elegantes y gráciles. Les gusta practicar yoga, meditación o algún ejercicio físico que mantenga su cuerpo en forma. Les gusta viajar, pero suelen preferir la soledad al bullicio y huyen de la polémica. Desde niños se sienten atraídos por los mundos invisibles y les gusta estudiar religión o filosofía. Algunos practican la magia blanca, estudian esoterismo o Cábala. También tienen el don de ver el futuro durante el sueño. Buenos comunicadores, exponen claramente sus conocimientos beneficiando a otros con su sabiduría. Con gran poder de convicción, son buenos vendedores. No aceptan bien la disciplina pero escuchan las críticas constructivas. Muy afectuosos y pacientes, saben tratar con personas inabordables. En sus relaciones sentimentales son tolerantes, fieles y cariñosos. Crearán una familia estable.

Profesiones. Favorece las relacionadas con la filosofía y el estudio de las religiones. Facilita las relacionadas con la escritura, periodismo, comunicación y difusión pública. También propicia la dedicación a las mancias o el esoterismo.

El ángel rebelde incita. A practicar la magia negra para sacar provecho de ello. A un exceso de superstición. A mentir y convencer a otros de falsas creencias.

Invocarlo es eficaz. Para obtener conocimiento espiritual. Sacar a la luz verdades ocultas. Obtener sueños premonitorios. Hallar un guía espiritual. Protege contra injusticias y abusos de personas influyentes. También contra toda negatividad.

Plegaria: «A ti, Señor, tributaré gracias con todo mi corazón: contaré todas tus maravillas» (Salmo 9:1).

Las personas nacidas del 24 al 28 de julio pueden invocar **la ayuda de Nith-Haiah** cualquier día del año. Los nacidos en otras fechas podrán hacerlo el: 29/1; 14/4; 25/6; 4/9; 14/11. La conexión será más propicia durante su horario de regencia: de 8.01 a 8.20 horas.

26

Haaiah/Ciencia polític

Coro: Dominaciones.

Significa: Dios oculto.

Sefirot: *Jesed/Biná*/Inteligencia.

Planeta: Sol.

Signo zodiacal: Leo.

Color: Naranja.

Mineral: Ámbar

Metal: Bronce.

Mensaje. Te aporto la esencia de la ciencia política. Guiado por una alta exigencia moral y a través de la razón descubrirás que ningún hombre nace malo. La naturaleza humana se corrompe al traspasar las pasiones los límites de la moderación. Bien porque se carece de lo necesario, bien porque se nada en la abundancia y se desea aún más. Consciente de estas verdades, sin ambición personal, te entregarás a instaurar el equilibrio social entre ricos y pobres, poderosos y desamparados. Defenderás la tolerancia, el diálogo y el respeto por quienes sostienen opiniones contrarias. Erigido en adalid justo y humanitario, llevarás la reconciliación y la armonía allá donde esté el conflicto. La sonrisa de un niño, la mano tendida de alguien agradecido, la libertad de los inocentes y oprimidos serán tu mayor recompensa.

Dones. Carisma excepcional y magnetismo físico que los convierte en líderes naturales. Oradores elocuentes capaces de transmitir con fe y entusiasmo sus ideas. Gran inclinación hacia la política. Son honestos. No buscan enriquecerse sino cumplir un destino que va más allá de su propio provecho. Quieren dejar huella en la historia y muchos lo logran al convertirse en dirigentes de masas que actúan siempre movidos por el orden y la justicia. Desinteresados y muy generosos, prefieren quedarse sin sus ahorros con tal de socorrer a los necesitados. Pueden llegar a sufrir persecución política o tener que exiliarse cuando en sus países de origen no hay libertades. Viajeros incansables, engrosan con su simpatía el número de sus amigos. Sentimentalmente son muy selectivos. Suelen formar una familia numerosa y feliz a la que cuidarán y protegerán siempre.

Profesiones. Favorece la carrera política. Ayuda a quienes persiguen mejorar la sociedad. Filósofos, abogados, sociólogos, periodistas, jueces, profesores, ensayistas, embajadores. También las relacionadas con la diplomacia o el comercio exterior.

El ángel rebelde incita. A hacer oídos sordos a las críticas. A la intriga y la conspiración para derrocar a otros. A la sedición de las masas mediante promesas falsas. A la corrupción.

Invocarlo es eficaz. Para ganar procesos y el favor de los jueces. Permite desvelar la verdad que oculta el interlocutor. Propiciar el trabajo de detectives privados y policías. Fomenta los tratados de paz en países en guerra. Protege contra conspiraciones.

Plegaria: «Clamé con todo mi corazón: "Escúchame, Señor, y haz que yo vaya en pos de tus justos preceptos"» (Salmo 118:145).

Las personas nacidas del 29 de julio al 2 de agosto pueden invocar **la ayuda de Haaiah** cualquier día del año. Los nacidos en otras fechas podrán hacerlo el: 30/1; 15/4; 26/6; 5/9; 15/11. La conexión será más propicia durante su horario de regencia: de 8.21 a 8.40 horas.

27

Yerazel/Expansión de la lu

Coro: Dominaciones.
Significa: Dios que castiga a los malvados.
Sefirot: *Jesed/Jesed*/Bondad.
Planeta: Sol.
Signo zodiacal: Leo.
Color: Rojo.
Mineral: Cornalina.
Metal: Oro.

Mensaje. Te aporto la esencia de la luz y el conocimiento. Cultiva y esclarece la inteligencia que has recibido. Estudia las grandes teorías filosóficas, éticas y religiosas de la historia. Asimilarás el legado que los grandes sabios del pasado dejaron a la posteridad y tendrás la inspiración necesaria para difundir su mensaje a otros. Tus conocimientos te permitirán vencer la oscuridad de tus propios pensamientos. Te propondrás vivir libre de hábitos dañinos. No permitas que la confusión halle eco en tu mente. No te olvides hoy de los buenos propósitos que te hiciste ayer. Desarrolla una voluntad férrea, dirige tus pasos hacia donde tú quieras, no hacia donde tus inclinaciones del momento te llevan. Aprenderás así a vivir en armonía contigo mismo y con los demás. Elaborarás tu propia doctrina sobre la necesidad de paz, orden y libertad. Atraerás con tus ideas el respeto ajeno. Tus objetivos serán todos elevados moralmente, pues, después de un aprendizaje arduo, tus emociones te acabarán conduciendo hacia la senda de la espiritualidad.

Dones. Tranquilos en su forma de hablar y moverse, los patrocinados de Yerazel tienen el don de difundir a sus semejantes el valor de la paz, la libertad y la justicia. Gozan de un gran equilibrio interior. Se adaptan a las normas. Y cuando se ven obligados a hacer valer su propio criterio lo hacen con respeto hacia los demás. Destacan por ser muy organizados y eficientes en las tareas que desempeñan profesionalmente. Polifacéticos y estudiosos. También capaces de expresar mediante la escritura sus innovadoras ideas acerca de la sociedad, la religión o la moral. Saben rodearse de amigos leales. Y con su pareja mantendrán una relación en la que primará la tolerancia, el afecto y la fidelidad.

Profesiones. Favorece las relacionadas con la ética, la filosofía y el arte en cualquiera de sus expresiones, pero sobre todo con la literatura o el ensayo filosófico. También la música. Y aquellas ocupaciones que permitan defender la libertad, acabar con la ignorancia y establecer la justicia social.

El ángel rebelde incita. A la venganza y el rencor. A los extremismos políticos y religiosos. A la ignorancia. A caer en vicios y dependencias de sustancias nocivas para la salud.

Invocarlo es eficaz. Para obtener ayuda en pro de la paz, la justicia y la libertad. Para liberarnos de todo tipo de enemigos, externos o internos. Apartar de la mente pensamientos negativos. Protege de la tendencia a la autodestrucción y el consumo de drogas o alcohol. Protege contra calumniadores y personas violentas. Y también contra el mal de ojo.
Plegaria: «Líbrame, Señor, de la gente malvada, líbrame de los hombres perversos» (Salmo 139:1).

Las personas nacidas del 3 a 7 de agosto pueden invocar **la ayuda de Yerazel** cualquier día del año. Los nacidos en otras fechas podrán hacerlo el: 31/1; 16/4; 27/6; 6/9; 16/11. La conexión será más propicia durante su horario de regencia: de 8.41 a 9.00 horas.

28

Seheiah/Longevidad

Coro: Dominaciones.

Significa: Dios sanador.

Sefirot: *Jesed/Guevurá*/Poder.

Planeta: Sol.

Signo zodiacal: Leo.

Color: Rojo.

Mineral: Jaspe rojo.

Metal: Oro.

Mensaje. Te aporto la esencia de la salud y la longevidad. Una protección providencial te inspirará gran conciencia de tus errores y te permitirá corregirlos. Gracias a esa actitud modesta hallarás la forma de conducirte con equilibrio y tomar decisiones que prolongarán tu vida. Cuando el espíritu se halla agitado por cualquier motivo, cólera, temor, placer, no puede mantenerse fuerte y los sentidos se ven cegados: escuchas y no oyes, miras y no ves, comes y no saboreas. Entonces el cuerpo se debilita. Huirás de los extremos y alcanzarás la capacidad de sanarte tú y sanar a los demás. Las lágrimas de tus desvelos se convertirán en bálsamo curativo. Vigila que tus intenciones sean siempre rectas y sinceras, ése es el secreto de la permanencia en el tiempo.

Dones. Porte distinguido y carisma que despierta la admiración de otros. Seguridad en sí mismos que los conduce a luchar por aquello que creen justo sin temor a las represalias del entorno. Dotados de gran energía, sensatos y prácticos, los patrocinados de Seheiah logran siempre sus objetivos, aunque sea a costa de muchos esfuerzos. Suelen practicar algún tipo de meditación o yoga. Se interesan por religiones antiguas. En la madurez, sus experiencias los convierten en sabios consejeros para numerosas personas que acuden a consultarles. Atienden con paciencia a todos. Aunque prefieren la soledad y son reservados con sus emociones. Únicamente su pareja llegará a conocerlos bien. Amarán a quien pueda ayudarlos a perfeccionarse dándoles buenos consejos. Sus hijos los admiran y respetan.

Profesiones. Todas las relacionadas con la medicina y la sanación. Favorece los gremios de médicos, enfermeras, auxiliares, naturópatas, psicólogos, psiquiatras, consejeros, especialistas en reiki.

El ángel rebelde incita. A la irreflexión que provoca ruina y catástrofes. Al pesimismo que abate el ánimo. A la autodestrucción o a la ira dirigida contra otros.

Invocarlo es eficaz. Para obtener protección contra catástrofes naturales, incendios, caídas y enfermedades. Otorga salud y larga vida. Protege contra la muerte prematura, los rigores de la guerra o el destino. Aporta prudencia y buen juicio.

Plegaria: «¡Señor, no te alejes de mí. Acude, Dios mío, a socorrerme» (Salmo 70:12).

Las personas nacidas del 8 a 13 de agosto pueden invocar **la ayuda de Seheiah** cualquier día del año. Los nacidos en otras fechas podrán hacerlo el: 1/2; 17/4; 28/6; 7/9; 17/11. La conexión será más propicia durante su horario de regencia: de 9.01 a 9.20 horas.

29

Reiyel/Liberación

Coro: Dominaciones.

Significa: Dios auxiliador.

Sefirot: *Jesed/Tiferet*/Belleza.

Planeta: Sol.

Signo zodiacal: Leo.

Color: Cobrizo.

Mineral: Ojo de tigre.

Metal: Oro.

Mensaje. Te aporto la esencia de la liberación. Desapegado de las ataduras materiales, serás capaz de percibir la existencia con los sentidos del espíritu. El mundo trascendente no tendrá secretos para ti. Fascinado por las leyes armoniosas del cosmos, practicarás la meditación y escucharás con tu oído interno la música de las esferas. Sin identificarte con ningún pueblo, nación o raza te sentirás ciudadano del mundo. Transmitirás la necesidad de abolir la intolerancia. Tu corazón se remontará sobre lo particular para valorar lo universal. Serás capaz de expresar tu visión de la Unidad a través del arte, y sobre todo a través de gestos nobles y solidarios de servicio a los demás. Tu trabajo dejará una huella imborrable. Serán muchos los que sigan tus pasos y comprendan tus mensajes.

Dones. Serenidad en el porte y buenas maneras. Gran profundidad de pensamiento que los hace conectar con el mundo espiritual. Es muy difícil que se dejen atar por algún credo o nación. Defienden la libertad y el pluralismo, y creen en un mundo sin fronteras. Apuestan por la humanidad en general. Llevan a cabo con gran eficacia cualquier tarea que desempeñen. Son solidarios y buenos consejeros. Consuelan con generosidad a los desamparados o deprimidos. Suelen practicar algún tipo de meditación para liberarse de la ansiedad o el estrés. Con su pareja y su familia son fieles y muy tolerantes. Pero es mejor no agraviarlos porque no olvidan fácilmente las ofensas.

Profesiones. Favorece las relacionadas con la filosofía, la sociología, la política. Todas las que requieren saber hablar en público o expresar conceptos de forma clara. Las vocaciones religiosas o de servicio desinteresado. También la astronomía o la práctica de ciencias ocultas.

El ángel rebelde incita. Al fanatismo religioso o político, a la hipocresía, al racismo. Al rencor y los deseos de venganza.

Invocarlo es eficaz. Para obtener inspiración cuando hay que hablar en público. Otorga creatividad para escribir plegarias y discursos. Concentración para los estudios. Liberarse de condicionamientos materiales o prejuicios. Protege contra el fanatismo y la intolerancia.

Plegaria: «Escucha, ¡oh Dios!, mi oración: presta oídos a las palabras de mi boca» (Salmo 53:4).

Las personas nacidas del 14 al 18 de agosto pueden invocar **la ayuda de Reiyel** cualquier día del año. Los nacidos en otras fechas podrán hacerlo el: 2/2; 18/4; 29/6; 8/9; 18/11. La conexión será más propicia durante su horario de regencia: de 9.21 a 9.40 horas.

30

Omael/Multiplicació

Coro: Dominaciones.

Significa: Dios paciente

Sefirot: *Jesed/Ntezaj/*Victoria.

Planeta: Sol.

Signo zodiacal: Leo.

Color: Magenta.

Mineral: Geoda.

Metal: Oro.

Mensaje. Te aporto la esencia de la multiplicación. Tendrás el don de generar esclarecimiento y felicidad a tu alrededor. Cosecharás abundantes triunfos tanto materiales como espirituales. Tu misión será engendrar hijos para educarlos en tus elevados principios morales. O entregarte a cultivar la tierra: las simientes que plantes germinarán por doquier. Quizá prefieras desarrollar nuevas ideas y creaciones artísticas que elevarán el alma de quienes accedan a ellas. Comprenderás que el cuerpo del hombre y la mujer son sagrados. Y que la propagación de los seres es un testimonio más de la abundancia del universo. Serás consciente de no ser sólo un hombre, sino el padre de aquellos que a su vez serán padres. Respetarás los incontables seres que en ti anidan. Y la descendencia de tu descendencia te recordará a través de los siglos. Engendrarás también hijos del espíritu, para quienes serás dador de vida.

Dones. De gran belleza física, elegantes, serenos en el trato, de voz suave y mirada dulce. Los patrocinados de Omael se caracterizan por ser muy pacientes y seguros de sí mismos. Dispuestos siempre a interceder por otros ante las personas influyentes. Buenos intermediarios entre hermanos y padres, subalternos y superiores, estudiantes y autoridades docentes. En el trabajo alcanzan puestos elevados. Tienen una varita mágica que multiplica todo cuanto tocan. Sencillos y modestos a pesar de su suerte, cautivarán a sus semejantes y sus amigos serán numerosos. En el amor necesitan una pareja refinada pues detestan lo vulgar. Llevarán a su entorno armonía y felicidad.

Profesiones. Favorece las relacionadas con la medicina, especialmente la cirugía. También la industria química o farmacéutica. Así como también la agricultura, el pastoreo, la crianza y el cuidado de animales. Auspicia también las artes plásticas, la música, danza o literatura.

El ángel rebelde incita. A la cólera ante las pequeñas frustraciones. A la incapacidad de llevar a cabo algo productivo. A despreciar el don de tener hijos. O a no cuidar de la propia descendencia.

Invocarlo es eficaz. Para concebir hijos. Lograr la fecundidad de los campos o la ganadería. También propicia abundante pesca. Atrae fortuna a los negocios. Protege contra la propia ansiedad, el temor por el futuro y la desesperación.

Plegaria: «Pues tú eres, Señor, mi esperanza, tú, oh Señor, mi seguridad desde mi juventud» (Salmo 70:5).

Las personas nacidas del 19 al 23 de agosto pueden invocar la ayuda de Omael cualquier día del año. Los nacidos en otras fechas podrán hacerlo el: 3/2; 19/4; 30/6; 9/9; 19/11. La conexión será más propicia durante su horario de regencia: de 9.41 a 10.00 horas.

Lecabel/Resolución

31

Coro: Dominaciones.

Significa: Dios que inspira.

Sefirot: *Jesed*/*Hod*/Gratitud.

Planeta: Mercurio.

Signo zodiacal: Virgo.

Color: Verde claro.

Mineral: Crisopasa.

Metal: Mercurio.

Mensaje. Te aporto la esencia del poder de decisión, del talento resolutivo. Tu intelecto será el crisol donde se fraguará la inspiración divina. Con la luz de tu inteligencia desvelarás el misterio de la dualidad. Comprenderás que todo lo existente procede de la dicotomía pendular de la naturaleza. Que todo en el cosmos, desde los astros hasta los átomos, cambia y se transforma periódicamente gracias a la oscilación entre dos polos, día y noche, protón y neutrón, femenino y masculino, frío y calor. En cada cosa está la semilla de lo opuesto. Estos antagonismos también están en ti y has de observarlos y comprender su compás. Al hacerlo se te revelarán tus tendencias y las de los demás. Estarás prevenido y serás capaz de fluir con armonía, como el agua de un manantial, sin atascarte en luchas inútiles.

Dones. Con un físico sencillo y gestos espontáneos pero discretos, los patrocinados de Lecabel poseen un talento innato para salir de situaciones adversas. El contacto con la naturaleza les inspira sentimientos de reconciliación con el mundo del espíritu por el que se ven atraídos desde jóvenes. Su gran rapidez y eficacia a la hora de tomar decisiones los sitúa en puestos de éxito. Salvan de la quiebra empresas en crisis y tienen el don de la oportunidad para actuar. También son capaces de acercar posturas contrarias. Son modestos y prefieren no ser el centro de atención. En las relaciones sentimentales se comportan de forma muy tradicional y se guían más por la lógica que por el corazón. Suelen entablar una convivencia duradera basada en el respeto mutuo. Sus hijos desearán emularlos.

Profesiones. Favorece las relacionadas con las ciencias exactas o que requieren un elevado cociente intelectual. Matemáticas, geometría, arquitectura, astronomía. También ingeniería agrónoma. Asimismo, auspicia los trabajos con emigrantes o sectores marginados de la población.

El ángel rebelde incita. A enfrascarse en discusiones que harán reír a terceros. A la codicia que procura acaparar bienes o cosas que no se necesitan. A ser avaro con los seres queridos.

Invocarlo es eficaz. Para resolver problemas difíciles. Obtener inspiración intelectual. Estudiar materias abstractas. Otorga cosechas abundantes. Mejoría en la propia profesión. Logra la reconciliación de personas antagónicas. Protege contra prestamistas o inversiones arriesgadas.

Plegaria: «Vendré a celebrar las proezas del Señor. De tu justicia sin igual, Señor, haré memoria». (Salmo 70:16).

Las personas nacidas del 24 al 28 de agosto pueden invocar **la ayuda de Lecabel** cualquier día del año. Los nacidos en otras fechas podrán hacerlo el: 4/2; 20/4; 1/7; 10/9; 20/11. La conexión será más propicia durante su horario de regencia: de 10.01 a 10.20 horas.

32

Vasariah/Clemencia

Coro: Dominaciones.

Significa: Dios justo.

Sefirot: *Jesed Yesod*/Fundamento.

Planeta: Mercurio.

Signo zodiacal: Virgo.

Color: Verde manzana.

Mineral: Jaspe verde.

Metal: Mercurio.

Mensaje. Te aporto la virtud de la clemencia. Este don será en tus manos una espada apuntada hacia el cielo para recibir inspiración y discernir entre el bien y el mal, lo justo y lo injusto. Tú serás el primer cliente de tu propia corte suprema. Consciente de que toda acción, palabras, sentimientos o pensamientos provocan una reacción, sopesarás las consecuencias de tus actos. Y practicarás la tolerancia no sólo con tus errores, sino con los ajenos. Tu empatía con las razones de los demás será grande. Y tu compasión mayor. Comprenderás con el corazón, no sólo con el intelecto, que los seres humanos, a pesar de sus buenas intenciones, suelen equivocarse y que tienen derecho a ello. Serás así capaz de ofrecer a otros segundas oportunidades, y tú mismo te levantarás tras cada caída con nuevos ímpetus sin dejarte llevar por el derrotismo. Transitarás la vida como un ser productivo que no se detiene ni pierde su tiempo juzgando a otros. Y tu actitud te abrirá las puertas del séptimo cielo.

Dones. Amantes del ejercicio físico y de la alimentación equilibrada. Un tanto perfeccionistas en el cuidado del cuerpo y muy disciplinados. Los patrocinados de Vasariah son justos consigo mismos y con el prójimo. Buscan el término medio en pensamientos, palabras y obras. Siempre dispuestos a defender a los débiles. Modestos y nobles. Pueden parecer lentos o indecisos porque necesitan planificar sus movimientos. Muy elocuentes y precisos en su lenguaje, sin embargo no son muy efusivos al expresar sus emociones. Tienen tendencia a estar solos. Y su ingenuidad puede hacerlos sufrir grandes decepciones amorosas. Sus expectativas con la pareja e hijos son también muy altas y corren el riesgo de verse defraudadas. Pero convivir con ellos es fácil, pues anteponen la ecuanimidad a sus deseos o caprichos.

Profesiones. Favorece todas las relacionadas con la jurisprudencia. Magistrados, abogados, notarios, políticos. También las actividades cuyo fin es la defensa de los más débiles y el servicio a los demás.

El ángel rebelde incita. A la inseguridad en las propias creencias que induce a ser víctima de charlatanes espirituales o de fanatismos. A deseos de venganza que afortunadamente no suelen materializarse.

Invocarlo es eficaz. Para presentarse a oposiciones a judicatura o abogacía. Tener buena memoria y expresarse con soltura. Ayuda a combatir malas cualidades de cuerpo y alma. Protege contra querellas injustas.

Plegaria: «Porque la palabra del Señor es recta, y su fidelidad brilla en todas sus obras» (Salmo 32:4).

Las personas nacidas del 29 de agosto al 2 de septiembre pueden invocar **la ayuda de Vasariah** cualquier día del año. Los nacidos en otras fechas podrán hacerlo el: 5/2; 21/4; 2/7; 11/9; 21/11. La conexión será más propicia durante su horario de regencia: de 10.21 a 10.40 horas.

Quinto coro
Potestades

33

Yehuiah/Subordinaci

Coro: Potestades.

Significa: Dios que conoce todas las cosas.

Sefirot: *Guevurá*/*Jojmá*/Sabiduría.

Planeta: Mercurio.

Signo zodiacal: Virgo.

Color: Escarlata.

Mineral: Jacinto.

Metal: Mercurio.

Mensaje. Te aporto la esencia de la subordinación. El amor y la bondad emanan desde el centro del universo en orden jerárquico. Los seres celestiales rinden gozosos su respeto a quienes están más próximos a ese centro. Esta actitud modesta mantiene el cosmos en equilibrio. Tu naturaleza te llevará a librar una batalla interior contra tus inclinaciones inferiores para que se subordinen a tu yo superior. Y en el exterior te propondrás que el orden y la armonía reinen en tu familia. Cuando los padres ganan con amor y con su ejemplo la consideración de sus hijos, y los hermanos se honran entre sí, será más fácil hacer partícipes de la benevolencia y la cortesía a otras personas. Siguiendo esas simples normas de conducta, toda la sociedad progresaría hacia una convivencia armoniosa similar a la celestial.

Dones. Activos, energéticos, de movimientos rápidos y hablar apasionado. Los patrocinados de Yehuiah son conscientes de que sólo podrán progresar social o profesionalmente mediante méritos propios. Muy aplicados, dotados de una memoria excepcional, gozan de una capacidad de síntesis que les permite evaluar el pasado, el presente y el futuro en un instante y sacar conclusiones rápidas. Amantes de la cultura, grandes lectores y divertidos interlocutores, siempre hay otros deseosos de escuchar sus historias. Suelen servir en organizaciones humanitarias. Tardan en formar familia porque les gusta el juego amoroso e ir de flor en flor. Pero cuando hallan una pareja adecuada son fieles. Muy tolerantes con sus hijos, que les profesarán gran consideración.

Profesiones. Favorece las organizaciones humanitarias y no gubernamentales. La práctica de la medicina en lugares marginados o en países poco desarrollados. Las artes liberales, la poesía y la música también son auspiciadas.

El ángel rebelde incita. A practicar con los subordinados aquello que se critica en los superiores y viceversa. A mostrar una inadaptación continua y rebelarse contra toda autoridad sin luchar honestamente para cambiar las cosas.

Invocarlo es eficaz. Para fomentar la comprensión entre padres e hijos, jefes y subordinados. Reconciliación entre hermanos. Ser capaz de cumplir con las propias obligaciones. Ilumina la conciencia para aceptar los propios errores. Protege contra enemigos y traidores.

Plegaria: «El Señor conoce los pensamientos de los hombres, y cuán vanas son sus ideas» (Salmo 93:11).

Las personas nacidas del 3 al 8 de septiembre pueden invocar la ayuda de Yehuiah cualquier día del año. Los nacidos en otras fechas podrán hacerlo el: 6/2; 22/4; 3/7; 12/9; 22/11. La conexión será más propicia durante su horario de regencia: de 10.41 a 11.00 horas.

34

Lehahiah/Obedienci

Coro: Potestades.

Significa: Dios clemente.

Sefirot: *Guevurá/Biná*/Inteligencia.

Planeta: Mercurio.

Signo zodiacal: Virgo.

Color: Verde grisáceo.

Mineral: Ágata de musgo.

Metal: Mercurio.

Mensaje. Te aporto la esencia de obediencia. Serás bendecido con un sinfín de favores celestiales porque comienzas con valor cada nuevo día sin pensar nunca que ya has hecho bastante. Crees firmemente que todo cuanto te ocurre es por y para aprender una lección. Y aceptas cuanto la vida te envía como si fuera siempre lo mejor. La única y sencilla aspiración de tu corazón es hacer el bien a tu paso. Has comprendido que la dicha no es inalcanzable. Que se encuentra en tu interior y puedes notar la alegría incluso cuando luchas por superar las molestias y dificultades cotidianas. Huye de provocar polémicas. Encuentra el equilibrio entre el rigor y la tolerancia. Sé paciente con tus faltas y con las ajenas. Esa actitud te situará en un estadio moral superior. Te otorgará un conocimiento que te llevará a vivir en el lado luminoso de la existencia haciéndote cruzar los puentes hacia la fuente de la sabiduría.

Dones. De rostro armonioso y mirada franca, los patrocinados de Lehahiah son muy respetuosos con las leyes aunque no las comprendan en una primera instancia. Su sentido del deber los lleva a granjearse el respeto y la confianza de los demás. Y suelen acabar ocupando altos cargos. Ante cualquier situación, por conflictiva que sea, conservan la ecuanimidad y la calma. Nunca se rinden ante los desafíos. Tienen el don de la profecía. Buenos conversadores pero con tendencia a confrontar sus opiniones con personas de otra forma de pensar. Saben animar a deprimidos y desconsolados. Sin ser muy efusivos, cuando aman se entregan por completo. En las relaciones familiares, muestran decepción si sus hijos no cumplen sus expectativas.

Profesiones. Favorece las relacionadas con el poder y la política. Consejeros, funcionarios, diputados, senadores, administración del Estado. Otorga los favores de los gobernantes o de personas influyentes.

El ángel rebelde incita. A ser polémico y discutir por el gusto de ver a la otra persona fuera de sí. A la rigidez de pensamiento o estrechez de miras.

Invocarlo es eficaz. Para protegernos contra la propia cólera y la de los demás. Concede la confianza de personas influyentes. Inspira deseos de iniciar un camino espiritual. Ayuda a soportar las frustraciones. Otorga paciencia.

Plegaria: «Israel, pon tu esperanza en el Señor, desde ahora y para siempre jamás» (Salmo 130:3).

Las personas nacidas del 9 al 13 de septiembre pueden invocar **la ayuda de Lehahiah** cualquier día del año. Los nacidos en otras fechas podrán hacerlo el: 7/2; 23/4; 4/7; 12/9; 23/11. La conexión será más propicia durante su horario de regencia: de 11.01 a 11.20 horas.

35

Javakiah/Reconciliación

Coro: Potestades.

Significa: Dios que da alegría.

Sefirot: *Guevurá/Jesed*/Bondad.

Planeta: Mercurio.

Signo zodiacal: Virgo.

Color: Marrón.

Mineral: Cuarzo ahumado.

Metal: Mercurio.

Mensaje. Te aporto la esencia de la reconciliación. Aprenderás a liberar tu alma y tu corazón de las heridas que en el pasado provocaron lazos opresivos. Desatarás las cadenas. Saldarás cuentas. Te desprenderás de los recuerdos de días tristes y aciagos. De las injusticias y las iniquidades que has sufrido. No te quedes anclado en el ayer, rescata el presente y el futuro será tuyo. Encontrarte en paz contigo mismo y con el mundo será tu desafío. Perdonar, olvidar, te dará acceso a percibir de nuevo el resplandor de tu ser primordial. Te redimirá del peso del rencor enquistado y te devolverá el entusiasmo por la vida. Remontarás entonces el vuelo como el pájaro que huye hacia dimensiones superiores. Dejarás de sentirte víctima de tu suerte para transformarte en maestro de tu destino.

Dones. Físico agradable y atractivo. Desde jóvenes se imponen un código ético. Su reto es mejorar cada día como personas. Poseen una memoria excelente y una capacidad inusual para improvisar soluciones

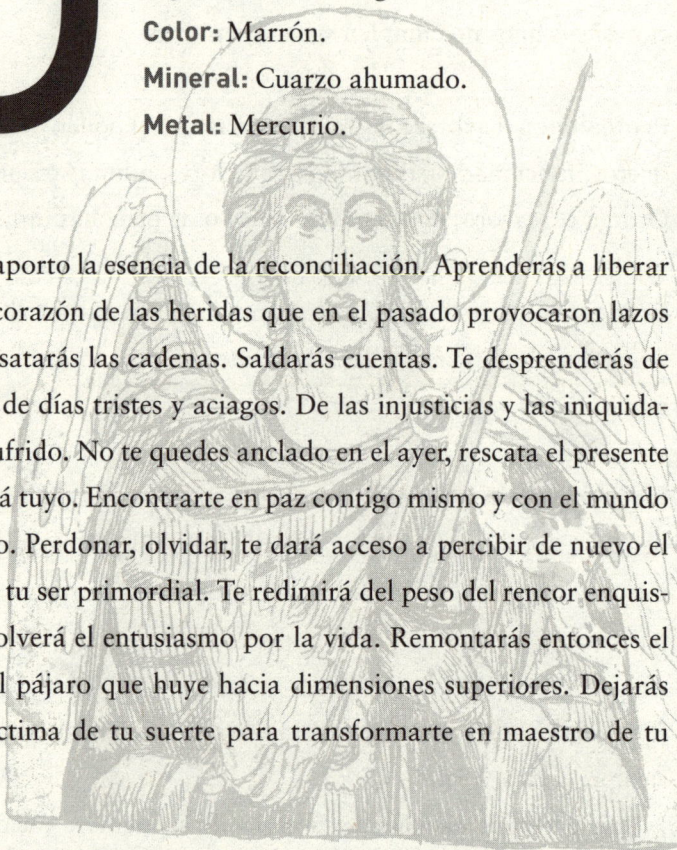

a todo tipo de problemas. Suelen mostrarse generosos y realizar grandes sacrificios por otros. Con madera de líder, organizan exitosamente equipos de trabajo. Saben escuchar y motivar a los desesperanzados. Especialistas en reconciliaciones propias y ajenas, pueden triunfar como intermediarios en conflictos o ser asesores de personas poderosas. Sabrán utilizar la fuerza de la palabra para influir en su entorno y en la sociedad de su tiempo. En las relaciones sentimentales son muy atentos con su pareja y se sacrifican para que reine la paz en la familia.

Profesiones. Favorece las relacionadas con la cultura en general, y en particular con la escritura, la venta de libros, la administración de bibliotecas públicas. También la notaría y la abogacía testamentaria. Auspicia la carrera diplomática.

El ángel rebelde incita. A no perdonar las ofensas recibidas y a cultivar rencores enconados. A provocar discordias y peleas. A mostrarse despótico o soberbio.

Invocarlo es eficaz. Para pasar una página de la propia historia y olvidar agravios o congraciarse con quien hemos ofendido. Reconciliar discrepancias familiares por herencias. Protege contra procesos injustos y ruinosos.

Plegaria: «Amé al Señor, seguro de que oiría la voz de mi oración» (Salmo 114:1).

Las personas nacidas del 14 al 18 de septiembre pueden invocar **la ayuda de Javakiah** cualquier día del año. Los nacidos en otras fechas podrán hacerlo el: 8/2; 24/4; 5/7; 13/9; 24/11. La conexión será más propicia durante su horario de regencia: de 11.21 a 11.40 horas.

36

Menadel/Laboriosida

Coro: Potestades.

Significa: Dios adorable.

Sefirot: *Guevurá/Guevurá/*Poder.

Planeta: Mercurio.

Signo zodiacal: Virgo.

Color: Azul marino.

Mineral: Turquesa.

Metal: Mercurio.

Mensaje. Te aporto la esencia de la laboriosidad. Nada ni nadie serán capaces de sumirte en un estado de inacción o abatimiento. Siempre en actividad, atacarás cualquier tarea por complicada que sea con alegría y entusiasmo. No te importa concentrar tus energías en labores arduas. Ahora bien, ¿por qué emplear toda tu energía en el mundo material? Existe un tipo de trabajo interno y espiritual que no puedes descuidar. Las altas verdades del mundo invisible también requieren, para ser conquistadas, tesón y tenacidad. Estás preparado para acceder a ellas, sabes nadar, pero ¿te atreverás a cruzar el río? Reserva un tiempo para el estudio de textos filosóficos o metafísicos, aprende técnicas de meditación que te ayuden a controlar la vorágine de la rutina. Busca objetivos más elevados y descubrirás en tu interior una tierra fértil donde sembrar y cosechar bienes como la paz y la sabiduría.

Dones. Con una inclinación natural hacia el ejercicio físico, los patrocinados de Menadel suelen estar en forma. Buenos trabajadores, con una disposición natural para solventar situaciones complicadas y esforzarse hasta lograr sus objetivos, nunca les faltará empleo. Su gran intuición los guía a la hora de elegir su profesión y acaban ocupados en una tarea que les gusta y satisface a nivel personal. Intelectuales y cultos. Felices cuando su labor es reconocida pero no soberbios. Aceptan sugerencias, aunque analizan todo racionalmente y sacan sus propias conclusiones. Así, identifican con facilidad sus errores y los corrigen. Se rodean de amigos cultos e instruidos de los que aprender cosas nuevas. Pueden parecer fríos, pero son muy tolerantes y solidarios. Encuentran a su pareja idónea de jóvenes y entablan una convivencia duradera basada en la lealtad y el respeto mutuo.

Profesiones. Favorece las relacionadas con el arte y el diseño de interiores, la decoración, la arquitectura. También las relacionadas con recursos humanos, consejero profesional o enlace sindical.

El ángel rebelde incita. A concentrarse excesivamente en el trabajo descuidando otras áreas de la vida. A ofenderse con facilidad. A ser esclavo de hábitos dañinos.

Invocarlo es eficaz. Para obtener empleo, conservar el que se tiene o mejorar en las finanzas. Encontrar objetos perdidos. Tener noticias de familiares a quienes no vemos desde hace tiempo. O para que los exiliados políticos regresen a su casa. Protege contra los malos hábitos y la calumnia.

Plegaria: «Señor, yo amo el decoro de tu casa, y el lugar donde tu gloria habita» (Salmo 25:8).

   Las personas nacidas del 19 al 23 de septiembre pueden invocar **la ayuda de Menadel** cualquier día del año. Los nacidos en otras fechas podrán hacerlo el: 9/2; 25/4; 6/7; 14/9; 25/11. La conexión será más propicia durante su horario de regencia: de 11.41 a 12.00 horas.

37

Aniel/Romper el cerc

Coro: Potestades.

Significa: Dios de las virtudes.

Sefirot: *Guevurá/Tiferet*/Belleza.

Planeta: Venus.

Signo zodiacal: Libra.

Color: Irisado.

Mineral: Fluorita.

Metal: Cobre.

Mensaje. Te aporto la esencia de la liberación. Cada vez que te sientas prisionero, estancado o abatido por tus propios estados de ánimo, una relación, un empleo o una situación mezquina, serás capaz de «romper el cerco». Saldrás transformado de experiencias críticas. Dejarás atrás lo viejo para abrazar lo nuevo sin nostalgia por lo anterior. Aprenderás a gozar de las diferentes e interesantes vivencias que se te presenten. A través de tu viaje existencial tendrás la oportunidad de comprender que a un final le sigue siempre un comienzo. Que ninguna caída es definitiva. Que siempre es posible volverse a levantar. El entusiasmo será la trompeta con cuyo sonido derribarás las murallas de las tinieblas. Tu labor optimista y perseverante elevará una muralla de luz, un escudo que te protegerá de cualquier negatividad y te convertirá en el héroe de tu propia batalla interna. Serás el dueño de tu futuro.

Dones. Con un físico fuerte e imponente. Los patrocinados de Aniel son tranquilos y prudentes al actuar o al hablar. Se las arreglan muy bien para conseguir sus metas materiales. Sensibilizados ante las desigualdades sociales, enarbolan banderas revolucionarias y corren incluso riesgos en pos de un mundo que a otros les parecerá utópico. Demuestran pasión en todo cuanto emprenden, por lo que suelen alcanzar popularidad y fama. Aunque siempre tienen que sortear zancadillas de enemigos envidiosos de su éxito. En el amor no tienen la misma suerte. Suelen quedarse apegados a relaciones desdichadas o ya finalizadas. O tardan en encontrar a la persona que los complemente. Acabarán siendo felices en su madurez junto a una pareja mayor que ellos que pueda nutrirlos espiritual o intelectualmente con sus experiencias.

Profesiones. Favorece las relacionadas con la tecnología, la informática, la mecánica o cualquier labor en la que se utilicen herramientas y se trabaje con las manos. El arte de la escultura o la ingeniería aeronáutica.

El ángel rebelde incita. A la charlatanería y el engaño. A la manipulación de masas para el propio beneficio.

Invocarlo es eficaz. Para obtener claridad mental ante una decisión difícil. Superar situaciones traumáticas. Terminar con relaciones sentimentales desdichadas. Confiere facilidad de palabra. Inspira a los sabios en sus meditaciones. Protege contra amantes mentirosos y embaucadores.

Plegaria: «¡Oh Dios de los ejércitos! Conviértenos a ti, muéstranos tu rostro, y seremos salvados» (Salmo 79:8).

Las personas nacidas del 24 al 28 de septiembre pueden invocar **la ayuda de Aniel** cualquier día del año. Los nacidos en otras fechas podrán hacerlo el: 10/2; 26/4; 7/7; 15/9; 26/11. La conexión será más propicia durante su horario de regencia: de 12.01 a 12.20 horas.

38 Haamiah/Ritualidad

Coro: Potestades.

Significa: Dios esperanza de la tierra.

Sefirot: *Guevurá/Ntezaj/*Victoria.

Planeta: Venus.

Signo zodiacal: Libra.

Color: Amarillo.

Mineral: Ópalo.

Metal: Cobre.

Mensaje. Te aporto la esencia del sentido ritual o litúrgico. Celebrarás cada instante de tu vida consciente de que es único e irrepetible. Huirás de los conflictos, de las palabras groseras, de los actos vulgares, de las emociones turbulentas. Cultivarás la armonía y la belleza. Desde la mañana a la noche realizarás cada gesto como si estuvieras ante un auditorio celestial y los mismísimos ángeles fueran testigos de tus quehaceres. Esta conciencia tan intensa del mundo invisible te otorgará voluntad y la perseverancia para la consecución de tus metas. Obtendrás la sabiduría que transforma a la persona en un faro para los demás. El cosmos entero te protegerá y te llevará de la mano en tu búsqueda de la verdad. Obtendrás experiencia y también discernimiento para elegir a quien transmitir lo aprendido y renovar con tu ejemplo y tu trabajo los valores caducos de la sociedad en que vives.

Dones. Joviales y muy activos físicamente. Los patrocinados de Haamiah son dulces en sus maneras y muy diplomáticos al expresarse. Saben decir la palabra justa en el momento adecuado. Un poco indecisos, perderán alguna que otra oportunidad por no elegir a tiempo. Sienten una gran atracción por los ritos, la liturgia religiosa o profana, el protocolo, las fiestas. Suelen triunfar como organizadores de eventos sociales. Son los anfitriones perfectos. Ordenados, precisos y detallistas, obtienen éxito en sus empresas por el celo con que se dedican a ellas. En las relaciones sentimentales son muy acomodaticios. Evitan discutir por todos los medios e intentan crear un ambiente armonioso con el que agradar a toda su familia.

Profesiones. Favorece el mundo de las relaciones públicas: organización de eventos, bodas, fiestas, congresos. También las vocaciones religiosas. O la práctica de cualquier camino espiritual que requiera rituales y ceremonias.

El ángel rebelde incita. A la hipocresía y la mentira con tal de no defraudar a nadie. Al mal humor cuando se es contrariado. Al coqueteo frívolo en las relaciones sentimentales.

Invocarlo es eficaz. Para obtener protección contra incendios y calamidades naturales. Superar cualquier mal físico o espiritual. Alcanzar comprensión de los rituales de cualquier religión. Adquirir bienes materiales. Hallar guías espirituales. Aumenta la fe. Hace que las imposturas salgan a la luz.

Plegaria: «Y como el Señor es la esperanza de todas las criaturas, el justo ha elegido al Altísimo como refugio» (Salmo 90:9).

Las personas nacidas del 29 de septiembre al 3 de octubre pueden invocar **la ayuda de Haamiah** cualquier día del año. Los nacidos en otras fechas podrán hacerlo el: 11/2; 27/4; 8/7; 16/9; 27/11. La conexión será más propicia durante su horario de regencia: de 12.21 a 12.40 horas.

39

Rehael/Sumisión filia

Coro: Potestades.

Significa: Dios remisorio.

Sefirot: *Guevurá/Hod/*Gratitud.

Planeta: Venus.

Signo zodiacal: Libra.

Color: Lila.

Mineral: Kunzita.

Metal: Cobre.

Mensaje. Te aporto la esencia de la sumisión filial. Tu misión será cultivar buenas relaciones con tus padres y con tus hijos. Entender sus razones. Respetar sus elecciones. Se te concede el don de entender que sólo es posible predicar con el ejemplo. Y el anhelo por hacer tuyo este lema será la base de tu peregrinar por esta tierra. Estás convencido de que todo hombre tiene el deber de mejorarse a sí mismo. Y te pondrás sin pereza a la tarea. Como el artista que corta y talla el marfil o el orfebre que pule las piedras preciosas, esculpirás cada acto de tu vida, a sabiendas de que tu esfuerzo no es inútil. Dueño de tus emociones, no cargarás a terceros con tus culpas y tampoco los harás partícipes de tus sufrimientos. Te echarás a la espalda tus cargas, pero no te pesarán porque has aprendido a hacer liviano lo gravoso, sutil lo grosero, mansa la ferocidad. Puedes caminar seguro de dejar tras de ti una estela que otros seguirán.

Dones. De expresión seria y preocupada, los patrocinados de Rehael están muy marcados por la personalidad de sus progenitores, a los que profesan gran devoción y cuidan en su ancianidad. Con frecuencia se dedican a la misma profesión que sus padres o abuelos. Valorarán la experiencia y sabiduría de sus mayores. Aman las cosas sencillas de la vida y demuestran una sensibilidad excepcional ante los problemas ajenos. Apagan sus inquietudes en labores sociales y humanitarias. Participan en cruzadas contra la pobreza o en el cuidado voluntario de enfermos. De naturaleza optimista, se sienten abatidos cuando personas de su confianza los decepcionan. No buscan fama ni fortuna. Su mayor interés es formar una familia. Románticos y fieles, necesitan ser admirados y respetados por los suyos e inculcar a sus hijos los valores éticos de sus antecesores.

Profesiones. Favorece las empresas familiares. Las relacionadas con el servicio a personas enfermas, huérfanos o necesitados. Enfermeros, asistentes sociales, abogados de oficio.

El ángel rebelde incita. A culpar a otro de los propios problemas. A graves diferencias en las relaciones entre padres e hijos. En el peor de los casos, a impulsos crueles, infanticidios y parricidios.

Invocarlo es eficaz. Para obtener la curación de enfermedades mentales y combatir la depresión. Atraer la salud y la longevidad. Fomentar el amor entre padres e hijos y hacia los niños.

Plegaria: «El Señor me escuchó, se apiadó de mí y se declaró Protector mío» (Salmo 29:11).

Las personas nacidas del 4 al 8 de octubre pueden invocar **la ayuda de Rehael** cualquier día del año. Los nacidos en otras fechas podrán hacerlo el: 12/2; 28/4; 9/7; 17/9; 28/11. La conexión será más propicia durante su horario de regencia: de 12.41 a 13.00 horas.

40

Yeiazel/Regocijo

Coro: Potestades.

Significa: Dios que regocija.

Sefirot: *Guevurá/Yesod*/Fundamento.

Planeta: Venus.

Signo zodiacal: Libra

Color: Berenjena.

Mineral: Espinela.

Metal: Cobre.

Mensaje. Te aporto la esencia del regocijo. El ángel número cuarenta simboliza y anuncia el gozo de la tarea concluida. Cuarenta días ayunó Jesús, cuarenta días fueron los que el Diluvio Universal tardó en purificar la Tierra. También a ti te será posible experimentar el contento que produce la satisfacción de la misión bien hecha. Y los períodos de dificultad te llevarán siempre a finales felices. Como el ave fénix, renacerás de tus cenizas. Te será concedida la dicha de la victoria porque afrontarás sin miedo ni autoengaño a tus enemigos internos. Te liberarás con valor de los pensamientos sombríos, del apego, del dolor que produce la obsesión por el «yo» y el «esto es mío». El interés por las tareas sociales y el servicio desinteresado serán tu lámpara y refugio. Nunca te rendirás. Cultiva la compasión, así podrás mostrar a otros seres humanos el camino del júbilo.

Dones. De sonrisa franca y rostro simpático, los patrocinados de Yeiazel son muy sociables y alegres. Impulsivos y optimistas, convencen fácilmente a otros con sus teorías. Disfrutan con los placeres sencillos y les gusta organizar comidas y cenas en su casa, en las que no dudan en presumir de sus artes culinarias. Muy emprendedores y buenos negociantes. Venden muy bien sus productos. Sus experiencias servirán para que otros aprendan y se enriquezcan mediante su sabiduría e ideas originales y vanguardistas. Flexibles y acomodaticios, aceptan con alegría los cambios. Su razón domina la pasión. Pero en las relaciones sentimentales se muestran románticos y detallistas. Les gusta leer y viven la vida como una novela de la que son los protagonistas. Por eso buscan una pareja que eleve su imaginación. Fieles y leales, forman familias felices.

Profesiones. Favorece las relacionadas con la escritura, la difusión de noticias, los medios de comunicación, la imprenta, las librerías, la pintura, la moda, decoración y las artes en general. También la regencia de comercios propios o la venta a domicilio.

El ángel rebelde incita. A la glotonería. A la falta de solidaridad. A mentir para obtener ventajas personales.
Invocarlo es eficaz. Para liberarnos de miedos y tristezas, pues otorga alegría de vivir. Ayuda a finalizar etapas de desasosiego. Propicia la edición y el éxito de aquello que se escribe. Concede amor por la lectura. Protege contra enemigos externos e internos.

Plegaria: «¿Por qué, Señor, rechazas mis ruegos y me escondes tu rostro?» (Salmo 87:15).

Las personas nacidas del 9 al 13 de octubre pueden invocar **la ayuda de Yeiazel** cualquier día del año. Los nacidos en otras fechas podrán hacerlo el: 13/2; 29/4; 10/7; 18/9; 29/11. La conexión será más propicia durante su horario de regencia: de 13.01 a 13.20 horas.

41

Hahahel/Sacerdocio

Coro: Virtudes.

Significa: Dios que da sabiduría.

Sefirot: *Tiferet/Jojmá*/Sabiduría.

Planeta: Venus.

Signo zodiacal: Libra.

Color: Azul noche.

Mineral: Zafiro.

Metal: Cobre.

Mensaje. Te aporto la esencia del sacerdocio o amor de Cristo. Desprendido del mundo terrenal podrás consagrarte a ideales elevados. Gozarás de la energía de quienes renuncian a sí mismos para servir a los demás. Sabes que el aislamiento y la separación traen discordia y te propondrás romper la disensión entre los pueblos, familias o grupos. Desearás reunir los corazones y las mentes de las gentes en torno a una causa común. Tu carisma es poderoso, influirás y enseñarás a otros a mejorar su propia perspectiva de la existencia. Cada paso dado en la lucha por tus ideales servirá para renovar tu fe interior. Tu sacrificio no será inútil. Al cabo comprenderás que has regresado a los orígenes de tu ser esencial, y que los últimos acaban muchas veces por ser los primeros.

Dones. Este ángel, el número cuarenta y uno en la lista, otorga a sus patrocinados facilidad para acometer cambios drásticos en su vida. Éstos suelen dar un vuelco a sus actividades cuando toman conciencia de su vocación de servicio. Son humildes pero destacan por su generosidad y grandeza de espíritu. La fe arraiga en ellos con facilidad. Y algunos se hacen sacerdotes o monjas, misioneros capaces de sufrir burlas e incluso martirio. Muy responsables y a la vez pragmáticos, llevan a cabo su trabajo eficazmente. Son comprensivos y amables. No les falta sentido del humor. Si se casan, saben combinar la disciplina con juegos divertidos que sus hijos agradecerán.

Profesiones. Propicia la vocación sacerdotal y misionera y en general el servicio a los demás, sea religioso, social o político. También favorece a quienes trabajan en terapias psicológicas de desarrollo personal.

El ángel rebelde incita. A ser demasiado rígidos y exigentes con los demás. A apostatar y renegar de la fe. A obedecer ciegamente a líderes falsos o sectarios cayendo en el fanatismo.

Invocarlo es eficaz. Para fortalecer la fe en Dios. Otorga fuerzas para vencer tentaciones y abandonar hábitos nocivos. Protege contra incendios y desastres naturales. También contra engaños y mentiras. O contra los enemigos de la religión. Procura la unión y el mutuo acuerdo de quienes están separados por creencias religiosas.

Plegaria: «Señor, libra mi alma de los labios inicuos y la lengua mentirosa» (Salmo 119:2).

Las personas nacidas del 14 al 18 de octubre pueden invocar **la ayuda de Hahahel** cualquier día del año. Los nacidos en otras fechas podrán hacerlo el: 14/2; 30/4; 11/7; 19/9; 30/11. La conexión será más propicia durante su horario de regencia: de 13.21 a 13.40 horas.

42

Mikael/Orden polític

Coro: Virtudes.

Significa: Casa de Dios.

Sefirot: *Tiferet/Biná*/Inteligencia.

Planeta: Venus.

Signo zodiacal: Libra.

Color: Verde irisado.

Mineral: Ojo de gato.

Metal: Cobre.

Mensaje. Te aporto la esencia del orden político. Perteneces al grupo de elegidos que han de transformar la sociedad de su época. Te inspiraré métodos y fórmulas para transformar y mejorar las condiciones de vida de tus coetáneos en lo material y en lo espiritual. Tu aportación suscitará una revolución moral sembrando en los corazones el deseo de tolerancia, igualdad y libertad. Ningún desafío te detendrá. Cuanto más grande sea la reforma que acometas, más fuerte será tu empeño en conseguirlo. Acomete esta reforma también en tu forma de vida. Deshazte de tus inclinaciones inferiores. Preserva tu integridad y honestidad de toda tentación, de ese modo te rodeará un halo de incorruptibilidad. Sólo así podrás dejar a tu paso una estela de firmeza y mando. Serán muchos los que secunden tus propuestas. Con su ayuda serás capaz de establecer reglas de oro que permitan a todo el mundo vivir más satisfecho.

Dones. El mayor regalo que este ángel hace a sus patrocinados es el poder de transformar su existencia y la de otras personas. Algunos de los nacidos bajo su influencia o en días inmediatamente anteriores o posteriores pueden convertirse en líderes de masas, triunfar en el campo de la política o reformar las leyes existentes para mejorar la sociedad. En todo caso, sentirán gran interés por la política y gozarán de capacidad para tratar con diplomacia asuntos delicados. En el trabajo encuentran siempre el modo de llevar a cabo las tareas de una forma sencilla pero eficaz. En sus relaciones emocionales son efusivos y detallistas. Muy celosos de su intimidad, crean un entorno agradable y son capaces de grandes esfuerzos por sus seres queridos.

Profesiones. Favorece las relacionadas con la política o las actividades que influyen en la sociedad. Propicia las carreras de sociología, ciencias políticas, periodismo, judicatura, diplomacia. Dota también de gran creatividad artística en el campo de la pintura, la música o la literatura.

El ángel rebelde incita. A las disputas, pensamientos negativos, situaciones traumáticas. A la traición política, a propagar mentiras sobre otros y difamar al contrario.

Invocarlo es eficaz. Para conjurar las energías negativas. Ayuda a los políticos a ejercer el poder con responsabilidad y ética. Otorga protección a gobernantes. Aleja los peligros durante los viajes haciéndolos tranquilos y confortables.

Plegaria: «El Señor te preservará de todo mal y guardará tu alma» (Salmo 120:7).

Las personas nacidas del 19 al 23 de octubre pueden invocar **la ayuda de Mikael** cualquier día del año. Los nacidos en otras fechas podrán hacerlo el: 15/2; 1/5; 12/7; 20/9; 1/12. La conexión será más propicia durante su horario de regencia: de 13.41 a 14.00 horas.

43

Veuliah/Prosperidad

Coro: Virtudes.

Significa: Rey dominador.

Sefirot: *Tiferet*/*Jesed*/Bondad.

Planeta: Plutón.

Signo zodiacal: Escorpio.

Color: Verde y rojo.

Mineral: Heliotropo.

Metal: Acero.

Mensaje. Te aporto la esencia de la prosperidad. Con suavidad y bondad ganarás los corazones de la gente. Centrado en lo positivo de cada situación serás capaz de crear grandes empresas a partir de ideas sencillas y modestas. Conseguirás la fructificación de todas las cosas. Pondrás en orden el caos. Dotado de grandes recursos, llevarás a otros iluminación espiritual y progreso material. Cultiva la generosidad, sé humilde y correcto. No fuerces nunca las situaciones; camina por el sendero del medio. Las pruebas del tiempo no lograrán destruir tu fuerza interior, pues sabes mantener las cosas en equilibrio. Si tu conducta es digna, alcanzarás un éxito supremo. A tu paso todo fructificará sin necesidad de grandes esfuerzos. Construirás un Paraíso en la Tierra. No olvides dar las gracias por las bendiciones que te envían desde el cielo.

Dones. Tranquilos exteriormente, los patrocinados de Veuliah esconden un corazón apasionado y un entusiasmo que los lleva a emprender tareas arduas y para otros imposibles. Su paciencia y sentido de la oportunidad les permiten avanzar o retroceder acertadamente. Nobles y bondadosos, crean entornos dichosos allá donde viven o trabajan, pues irradian energía positiva. Nunca prestan atención a la negatividad. Su presencia es por ello imponente y nunca pasa desapercibida. Muy agradecidos con quienes los ayudan, devuelven con creces los favores. Trabajan mucho, pero necesitan que su esfuerzo sea reconocido. En las relaciones sentimentales son muy conservadores. Precisan una pareja que comparta su afán por educar a los hijos ateniéndose en todo a lo tradicional. Algo que a veces les causa fracturas generacionales.

Profesiones. Favorece las relacionadas con el ejército o las grandes organizaciones. Potencia el mundo de los negocios y las empresas comerciales que crecen y surgen a partir de una idea sencilla.

El ángel rebelde incita. Al orgullo y la codicia. A la venganza y el rencor cuando han sido agraviados. A culpar a otros de los propios errores.

Invocarlo es eficaz. Para obtener prosperidad en los negocios, sobre todo en los que empiezan desde cero. Otorga paz en la familia o en las naciones. Atrae el favor de personas poderosas. Protege contra malentendidos, temores y obsesiones.

Plegaria: «Clamo por tu ayuda, Señor, y me adelanto a la aurora para presentarte mi oración» (Salmo 87:14).

Las personas nacidas del 24 al 28 de octubre pueden invocar **la ayuda de Veuliah** cualquier día del año. Los nacidos en otras fechas podrán hacerlo el: 16/2; 2/5; 13/7; 21/9; 2/12. La conexión será más propicia durante su horario de regencia: de 14.01 a 14.20 horas.

Yelahiah/Talento militar

Coro: Virtudes.

Significa: Dios eterno.

Sefirot: *Tiferet/Guevurá/*Poder.

Planeta: Plutón.

Signo zodiacal: Escorpio.

Color: Rojo carmesí.

Mineral: Espinela.

Metal: Acero.

Mensaje. Te aporto la esencia de la estrategia y el talento militar. Aplicarás estos dones a la batalla que se libra en tu interior. Hallarás el modo de burlar tu inclinación a la belicosidad para dedicarte a algo productivo. Liquida las cuentas del pasado. Sé abierto y generoso hacia los sentimientos y necesidades ajenos. Restituye aquello que debes a otros: afabilidad, amor, tiempo, dinero. Restaña heridas y te sentirás libre para progresar. Persigue objetivos nobles, aquellos que concuerdan con el bien de toda la humanidad y están exentos de vanidad y orgullo. Mediante la organización, la disciplina y una fuerte convicción de tu visión interna erradicarás leyes injustas en la sociedad. Abandonarás dependencias emocionales dañinas. Te unirás a seres que te quieren y aumentan tu fuerza. Triunfarás sobre tus enemigos internos o externos. Serás rey en la Ciudad de los Amigos, donde el amor se impone sobre toda oscuridad o violencia.

Dones. Fuertes y valientes al hablar o actuar. Los patrocinados de Yelahiah cuentan con las herramientas precisas para enfrentarse a los problemas de la vida. Autoritarios y muy estrictos consigo mismos. Pueden obtener grandes victorias, incluso fama, en el terreno militar o político. La vida suele convertirse para ellos en una cruzada sin fin. Y en su transcurso harán tanto amigos como enemigos. Su reto será reconciliarse con los segundos. Utilizarán su gusto por los viajes para conocerse mejor a sí mismos. O para hacer negocios lucrativos. En las relaciones sentimentales necesitan ser admirados. Precisan que su pareja sea paciente y tolerante. También sustituir orgullo por amor, egoísmo por generosidad, rigidez por flexibilidad.

Profesiones. Ofrece fama y fortuna a militares o estrategas políticos aunque no utilicen las armas. Auspicia las carreras relacionadas con viajes. Y favorece los negocios de importación y exportación.

El ángel rebelde incita. A ser excesivamente competitivo en las polémicas orales. A actuar despóticamente con los seres cercanos. A impulsos violentos o crueles contra personas o animales. Al exceso de vanidad.

Invocarlo es eficaz. Para obtener dinero cuando hay falta de liquidez económica. Cobrar o pagar deudas. Lograr sentencias favorables de magistrados. Otorga el triunfo y la fama por una proeza singular. Controla impulsos violentos. Protege contra las armas, atentados y delincuentes.

Plegaria: «Señor, recibe con agrado los espontáneos sacrificios de alabanza que te ofrecen mis labios; y muéstrame tus juicios» (Salmo 118:108).

Las personas nacidas del 29 de octubre al 2 de noviembre pueden invocar **la ayuda de Yelahiah** cualquier día del año. Los nacidos en otras fechas podrán hacerlo el: 17/2; 3/5; 14/7; 22/9; 3/12. La conexión será más propicia durante su horario de regencia: de 14.21 a 14.40 horas.

Sealiah/Motor

Coro: Virtudes.

Significa: Dios primer motor.

Sefirot: *Tiferet/Tiferet*/Belleza.

Planeta: Plutón.

Signo zodiacal: Escorpio.

Color: Azul.

Mineral: Lapislázuli.

Metal: Acero.

Mensaje. Te aporto la esencia de la fuerza de voluntad para resistir la adversidad. Desearás liberarte de la ignorancia para ir en pos de metas elevadas. Harás lo posible por instruirte, conocer cómo influye el mundo exterior en tu mundo interior. Tu ánimo, tus humores y deseos cambian como cambian las estaciones y la luz del día. Estarás atento a esas oscilaciones para convertirte en el único motor de tu universo particular. Ningún obstáculo se interpondrá en tu búsqueda de la verdad y el conocimiento de ti mismo. Trascenderás los impedimentos visibles para penetrar en el mundo invisible. Luego, cuando ejerzas con auténtico dominio tu libre albedrío y seas capaz de dominar o transformar tus propios estados, podrás mostrar a otros como redimirse de su esclavitud.

Dones. Equilibrados física y psicológicamente, gozan de buena salud gracias a su fortaleza física. Son optimistas, no se arredran ante ningún impedimento y su lema en la vida es seguir avanzando hasta alcanzar la meta. Aprenden cualquier materia con gran facilidad. Triunfan en el mundo de los negocios, el diseño o la decoración. Con un gusto por la estética muy pronunciado, crean belleza a su alrededor. Ellos mismos son muy elegantes y suscitan gran admiración. Eluden discusiones y conflictos reservándose discretamente su opinión. Muy sociables y amigos de las tertulias, disfrutan intercambiando ideas y conocimientos. Su código ético es muy elevado. Tienden al sincretismo religioso, tomando de cada tradición aquello que más les conviene. Eligen una pareja con sentido del humor y comprensiva, pues necesitan que la convivencia sea divertida y pacífica. Su maravillosa energía hará lo demás.

Profesiones. Favorece las relacionadas con la medicina convencional o natural. Y en general cualquier práctica que ayude a recuperar la salud. También las carreras asociadas al mundo del diseño, la decoración, la estética o la belleza.

El ángel rebelde incita. A no cuidar del cuerpo ni de la alimentación. Al orgullo desmedido. A pasar del amor al odio y viceversa sin transición ni explicación.

Invocarlo es eficaz. Para gozar de buena salud en general. Protege contra enfermedades del corazón. Destapar a calumniadores y a difamadores. Otorga el triunfo al defender a los humildes. Concede motivaciones cuando se está desesperado y claridad mental para los estudios.

Plegaria: «Cuando te digo: "mi pie va a resbalar", tu misericordia, Señor, acude a sostenerme» (Salmo 93:18).

   Las personas nacidas del 3 al 7 de noviembre pueden invocar **la ayuda de Sealiah** cualquier día del año. Los nacidos en otras fechas podrán hacerlo el: 18/2; 4/5; 15/7; 23/9; 4/12. La conexión será más propicia durante su horario de regencia: de 14.41 a 15.00 horas.

46

DEL 8 AL 12 DE NOVIEMBRE
Arial/Revelación

Coro: Virtudes.

Significa: Dios revelador.

Sefirot: *Tiferet/Ntezaj/*Victoria.

Planeta: Plutón.

Signo zodiacal: Escorpio.

Color: Verde botella.

Mineral: Malaquita.

Metal: Acero.

Mensaje. Te aporto la esencia de la revelación. A través de sueños y estados extáticos descubrirás que lo sobrenatural y milagroso no es adquirir poderes psíquicos, sino llegar a transformar tu centro espiritual en vehículo de las verdades divinas. Limpia tu ser interior de toda tendencia negativa y de la inclinación a considerar en demasía tus culpas. Acepta tus imperfecciones. Muéstrate sencillo, espontáneo, tolerante con los otros y contigo mismo. No te dejes vencer por el desaliento. Ten pocos deseos, avanza por los caminos animosamente y no escatimes esfuerzos, no vivas de ilusiones, no discutas y mantente sereno y alegre dando gracias por la vida. Transmite con tu ejemplo estas sencillas prácticas a los demás y sánalos ayudándolos a sentirse libres de sus faltas para empezar de nuevo, enfocados esta vez en nutrir su espíritu.

Dones. Inquietos, muy activos, los patrocinados de Arial son muy desenvueltos. Experimentan revelaciones en sueños que saben descifrar gracias a sus conocimientos de simbología. Aman el contacto con la naturaleza.

Su vida al aire libre les confiere un magnetismo relajante. Les gusta contar lo vivido en escritos o conferencias. Prefieren viajar a permanecer mucho tiempo en el mismo lugar. Son infatigables y muy prácticos. En la convivencia necesitan su espacio. Disfrutan pasando tiempo a solas. Son románticos y sentimentales. Hacen alarde de gran empatía. Adoran ser padres, de modo que, tarde o temprano, forman una familia feliz.

Profesiones. Favorece los negocios en general y los de importación y exportación en particular. Auspicia la carrera de veterinaria y la enseñanza del yoga, tai-chi u otras tradiciones sanadoras. Propicia la práctica de las artes mágicas.

El ángel rebelde incita. A la tristeza, el aislamiento y el mal humor. A obrar de modo poco coherente y atormentarse por las faltas cometidas a lo largo de la vida.

Invocarlo es eficaz. Para obtener curación. Aumentar la creatividad. Atraer prosperidad mediante el trabajo. Solucionar problemas. Descubrir tesoros. Obtener sueños premonitorios. Protección contra pesadillas y depresiones.

Plegaria: «El Señor es bueno con todos y su misericordia se extiende sobre todas sus obras» (Salmo 144:9).

   Las personas nacidas del 8 al 12 de noviembre pueden invocar **la ayuda de Arial** cualquier día del año. Los nacidos en otras fechas podrán hacerlo el: 19/2; 5/5; 16/7; 24/9; 5/12. La conexión será más propicia durante su horario de regencia: de 15.01 a 15.20 horas.

47

DEL 13 AL 17 DE NOVIEMBRE
Asaliah/Contemplació

Coro: Virtudes.

Significa: Dios justo que indica la verdad.

Sefirot: *Tiferet*/*Hod*/Gratitud.

Planeta: Plutón.

Signo zodiacal: Escorpio.

Color: Violáceo.

Mineral: Obsidiana.

Metal: Acero.

Mensaje. Te aporto la esencia de la contemplación. Te será concedido el conocimiento intuitivo de Dios. Accederás mediante experiencias de meditación o extáticas a saborear el sentimiento de unidad con el universo y con el todo. No precisas para ello retirarte a un refugio solitario. Si tu naturaleza es la acción, hallarás en el día a día un terreno propicio para avanzar hacia este objetivo. Aprende a controlar el ímpetu de las pasiones y las perturbaciones externas. Practica la compasión. Sé generoso y ponte en el lugar de los demás. Ten paciencia ante las pruebas del destino. Y no abandones tus sueños, pues ellos son el alimento de tu espíritu. Devuelve amor por odio. Sana tu cuerpo y tu mente. Céntrate en tu trabajo sin dejarte llevar por distracciones inútiles. No conviertas tu vida en un huésped inoportuno.

Dones. Alegres, equilibrados e inclinados al ejercicio físico y el contacto con la naturaleza. Los patrocinados de Asaliah tienen un carácter agradable. Sienten gran amor por plantas y animales. Son capaces de grandes sacrificios por sus seres queridos. Minuciosos y disciplinados en sus tareas. Mejoran todo cuanto emprenden y su compromiso continuo les suele otorgar honor y fama. Con vocación de trascender lo puramente material, buscan y hallan caminos de desarrollo personal. Aprenden a responsabilizarse de su destino sin culpar a nadie cuando surgen dificultades. Muy intuitivos y conocedores del alma humana, tienen incluso capacidad para «leer» o «adivinar» los pensamientos ajenos. Parcos en la expresión de sus emociones, detestan perder el tiempo en ocios inútiles y la polémica. Suelen protagonizar romances apasionados antes de hallar a su pareja idónea, pero cuando la encuentran será para toda la vida.

Profesiones. Favorece las relacionadas con la botánica, la jardinería, el cuidado de animales, la tierra o la alimentación. También propicia las artes liberales, el diseño gráfico, la decoración, la moda y la arquitectura.

El ángel rebelde incita. A la injusticia, la difamación y la inmoralidad. A promover escándalos públicos y a difamar a terceros. El desprecio por otras personas puede llevar a la misantropía.

Invocarlo es eficaz. Para crear sociedades exitosas con amigos o con la propia pareja. Restaurar la reputación y alejar el escándalo. Protege contra calumniadores, dando a conocer la verdad. Favorece la elevación espiritual y la comprensión de los procesos internos y externos.

Plegaria: «¡Cuán grandiosas son tus obras, Señor! ¡Todo lo has hecho sabiamente. Llena está la Tierra de tus riquezas!» (Salmo 103:24).

Las personas nacidas del 13 al 17 de noviembre pueden invocar la ayuda de Asaliah cualquier día del año. Los nacidos en otras fechas podrán hacerlo el: 20/2; 6/5; 17/7; 25/9; 6/12. La conexión será más propicia durante su horario de regencia: de 15.21 a 15.40 horas.

48

Mihael/Generación

Coro: Virtudes.

Significa: Dios que socorre.

Sefirot: *Tiferet/Yesod/*Fundamento.

Planeta: Plutón.

Signo zodiacal: Escorpio.

Color: Azul.

Mineral: Ágata azul.

Metal: Acero.

Mensaje. Te aporto la esencia de la generación. El mundo será tu particular Edén donde, como Adán y Eva, tendrás el privilegio de convertirte en ancestro de la raza humana. Caminarás bajo el signo del amor y la pasión. Tu misión: engendrar vida. Serás como el viajero que encuentra agua bajo la arena del desierto, y de un oasis seco extrae verdes ramas convirtiendo el lugar en refugio de peregrinos y caravanas. Hallarás la savia en tu interior. En tus buenas cualidades. Progresarás al entregarte al cuidado de tu familia o de otras personas a las que motivarás y contagiarás con tu entusiasmo. Nutrirás y saciarás a quienes te rodean con tu esfuerzo y ejemplo. Serás el puente, insignificante pero crucial, entre generaciones del pasado y del futuro. Tu descendencia será afortunada y transmitirá tu legado de abnegación y sacrificio. Tu premio: una vida próspera, feliz y pacífica. Y el cielo por añadidura.

Dones. Activos, optimistas, entusiastas. Disfrutan paseando por bosques y playas. Y gozan de frecuentes presentimientos sobre el futuro.

Apasionados por la vida y los placeres sencillos. Canalizan sus fuertes deseos hacia el matrimonio y la familia. Suelen hacer inmersión en una empresa singular que les valdrá el reconocimiento social. Les interesa la filosofía y la religión, pues su espíritu es inquieto y con ansias de evolucionar. Tienen el don de ser muy conciliadores, algo que los hace medrar laboralmente. Muy felices en sus relaciones conyugales, suelen dejar una descendencia numerosa y su casa siempre es un remanso de paz donde reina la felicidad.

Profesiones. Favorece las relacionadas con la reproducción humana, ginecología, obstetricia, comadronas. También el servicio en orfanatos o centros de adopción de niños. El cuidado de la infancia en general. Ayuda a consejeros matrimoniales.

El ángel rebelde incita. A la irritabilidad. A manipular a otros para obtener provecho personal. A ser excesivamente rígidos e intolerantes. A culpar a terceros de los propios errores. A descuidar la progenie.

Invocarlo es eficaz. Para obtener fecundidad en las relaciones sexuales. Protección contra personas que intentan desunir al matrimonio. Favorece la comprensión entre cónyuges. Atrae el amor y el encuentro con alguien afín.

Plegaria: «El Señor ha hecho conocer su salvador; manifestó su justicia a los ojos de las naciones» (Salmo 97:2).

Las personas nacidas del 18 al 22 de noviembre pueden invocar la ayuda de Mihael cualquier día del año. Los nacidos en otras fechas podrán hacerlo el: 21/2; 7/5; 18/7; 26/9; 7/12. La conexión será más propicia durante su horario de regencia: de 15.41 a 16.00 horas.

Séptimo coro
Principados

49

Vehuel/Grandeza

Coro: Principados.

Significa: Dios elevado.

Sefirot: *Kéter/Jojmá*/Sabiduría.

Planeta: Marte.

Signo zodiacal: Aries.

Color: Encarnado.

Mineral: Rubí.

Metal: Hierro.

Mensaje. Te aporto la esencia de la grandeza. Es un don que te hace consciente de haber sido creado a imagen y semejanza de la esencia divina. Sientes la luz primordial en tu interior, recuerdas tu origen y te propondrás recuperar la experiencia de unidad perdida. Lo conseguirás familiarizándote con las grandes tradiciones sagradas del pasado. La lectura de la filosofía perenne, oriental y occidental, y la asimilación de la sabiduría de los místicos de todos los tiempos te mostrarán el camino para elevarte sobre tus deseos inferiores. Atarás corto los sentimientos de egoísmo o rencor hacia quienes te han ofendido. Tu sensibilidad te permitirá concentrarte en tu propio camino sin mirar a derecha o a izquierda y olvidando las necedades ajenas debidas a la ignorancia. Te ha sido otorgado el poder de transformar la sociedad en la que vives. Convertido en explorador del infinito, rescatarás la luz estelar para llevarla a los rincones más oscuros de tu interior y del mundo. Difundirás un único mensaje: que todas las criaturas participan de la grandeza del Uno.

Dones. Físico agraciado y porte elegante. Muy sensibles con el sufrimiento del prójimo. Agradan a todos por su modestia y sencillez. Poseen intuición y clarividencia. Se esfuerzan por hacer el bien al mayor número de personas. Los temas espirituales exaltan su intelecto. Buscan y encuentran sendas de desarrollo personal que los ayudan a atemperar sus emociones e impulsos. Rebeldes en la adolescencia, se vuelven serenos y convencidos de sus ideales en la madurez. Tienen facilidad de palabra para hacer comprender y explicar a otros temas abstractos o metafísicos. Obtienen en su trabajo respeto y distinción. Muy familiares y sentimentales, protegerán a los suyos por encima de todo. Cuidarán a sus padres tanto como a sus hijos.

Profesiones. Favorece las relacionadas con la literatura, la abogacía o la diplomacia. También el profesorado. Propicia la práctica de artes adivinatorias y ciencias ocultas.

El ángel rebelde incita. Al egoísmo, el odio y la hipocresía. Y también a la soberbia. Provoca confusión mental y falta de valores morales.

Invocarlo es eficaz. Para obtener elevación espiritual. Inspira principios éticos y morales muy elevados. Infunde claridad mental para aprovechar las oportunidades. Protege contra el egoísmo, el odio y la hipocresía.

Plegaria: «Grande es el Señor, y digno de ser infinitamente loado. Su grandeza no tiene límites» (Salmo 144:3).

Las personas nacidas del 23 al 27 de noviembre pueden invocar **la ayuda de Vehuel** cualquier día del año. Los nacidos en otras fechas podrán hacerlo el: 22/2; 8/5; 19/7; 27/9; 8/12. La conexión será más propicia durante su horario de regencia: de 16.01 a 16.20 horas.

50

Daniel/Elocuencia

Coro: Principados.
Significa: Signo de las misericordias.
Sefirot: *Netzaj/Biná*/Inteligencia.
Planeta: Júpiter.
Signo zodiacal: Sagitario.
Color: Azul índigo.
Mineral: Amatista.
Metal: Estaño.

Mensaje. Te aporto la esencia de la facilidad de palabra. Y te concedo también el don de la misericordia. No desperdicies tu elocuencia en charlas vanas. Tus discursos o mensajes han de ser puentes de luz para quienes te escuchen. Al hablar ten presente que las palabras amables y consideradas viajan hasta el cielo y se derraman sobre la tierra en forma de bendiciones. Mientras que aquellas que hacen daño bajan hacia las tinieblas abismales y regresan a ti con la fuerza de un bumerán envenenado. Evita estas últimas porque sólo te harán sufrir. La otra misión que te encomiendo es distinguir entre aquello que es factible y aquello que es una utopía. No malgastes tiempo ni energía en quimeras. Por último, practica la misericordia. Consuela a quienes te pidan refugio o justicia. Ampara a quienes se enfrentan a adversidades. Aprende a mirar con ojos iguales a todos los seres y verás en cada rostro un solo rostro.

Dones. Inquietos y enérgicos. Gozan de un inusual poder de convicción y grandes aptitudes para todas las tareas que precisen facilidad de palabra.

Muy persuasivos, son capaces de expresarse con rigor pero sin severidad y de exponer las más intrincadas teorías con claridad. Por lo general son muy equilibrados en sus emociones, salvo si son acusados injustamente. Entonces argumentan apasionadamente para defender su inocencia. Indecisos en su juventud respecto a su vocación profesional, desarrollan más tarde un sentido práctico que les permite dedicarse a empresas productivas. Son muy sociables y gustan de las reuniones y fiestas con amigos. Buscarán una pareja que comprenda su necesidad de abstraerse en su mundo intelectual. Y serán los mejores profesores para sus hijos.

Profesiones. Favorece las relacionadas con la justicia: jueces, abogados, procuradores. También la comunicación verbal o escrita es auspiciada. Propicio para guionistas, presentadores, periodistas, escritores.

El ángel rebelde incita. A la pereza y el desorden. A obtener por medios ilícitos el sustento para vivir. A vengar las injusticias y practicar el ojo por ojo.

Invocarlo es eficaz. Para obtener elocuencia y amor por la lectura y la escritura o el estudio. Aporta consuelo en los malos momentos. Infunde esperanzas y ayuda a levantarse tras un fracaso. Capacidad de decisión para iniciar un negocio. Concede juicios justos.

Plegaria: «Compasivo es el Señor y benigno, tardío en airarse y de gran clemencia» (Salmo 102:8).

Las personas nacidas del 28 de noviembre al 2 de diciembre pueden invocar **la ayuda de Daniel** cualquier día del año. Los nacidos en otras fechas podrán hacerlo el: 23/2; 9/5; 20/7; 28/9; 9/12. La conexión será más propicia durante su horario de regencia: de 16.21 a 16.40 horas.

51

Hahasiah/Curación

Coro: Principados.

Significa: Dios oculto.

Sefirot: *Netzaj/Jesed*/Bondad.

Planeta: Júpiter.

Signo zodiacal: Sagitario.

Color: Azul marino.

Mineral: Tanzanita.

Metal: Estaño.

Mensaje. Te aporto la esencia de la medicina universal. Te confío el secreto del bienestar espiritual y material. Serás capaz de ver en cada parte de tu cuerpo la chispa de la luz primordial. Convertido en un alquimista destilarás en el atanor de la fe la energía curativa que fluye por tu sangre. Aprenderás a reconocerla y utilizarla para sanarte a ti mismo y a los que te rodean. Serás un canal de luz sideral, y a tu paso otros recibirán el aliento cósmico portador del bienestar físico y espiritual. Identificarás las causas de la desarmonía y devolverás el equilibrio a quienes lo necesitan. Y aunque otros te alabarán y te darán las gracias por tus cuidados, conservarás la modestia. Sabrás interiormente que no eres tú quien sana, sino que tu poder procede de una fuerza superior grabada con letras de luz en el corazón de todos los seres humanos. Sólo hay que descubrirla. Tú lo has hecho. Y por ello darás gracias.

Dones. Ágiles y flexibles, inclinados a estar en contacto con la naturaleza, amantes de la botánica y del estudio de las hierbas medicinales, los patrocinados de Hahasiah tienen alma de curanderos. Sus pasatiempos favoritos tendrán que ver con la gemología, la mineralogía o el estudio de ciencias abstractas. No por ello dejan de ser hábiles en los negocios. Astutos emprendedores, suelen lograr buena posición económica y rodearse de comodidades. Su carácter es afable y raramente caen en el mal humor o la ira. Suelen aguantar ofensas sin inmutarse, aunque justo por ello a veces sufren ansiedad. El círculo de sus amigos no será muy extenso, ya que prefieren estudiar a solas o estar en familia. Se casan jóvenes, son muy afectuosos y suelen ser fieles a su primer amor. En la intimidad se muestran divertidos y libres para expresar sus emociones.

Profesiones. Favorece las relacionadas con la medicina en todos sus aspectos. También farmacia, botánica, investigación en laboratorio. Sanación espiritual, medicina tradicional china, acupuntura.

El ángel rebelde incita. A incumplir promesas. A engañar a personas de buena fe en el campo de la salud. A la charlatanería de los falsos curanderos.

Invocarlo es eficaz. Para hallar médicos competentes y eficaces. Protección contra quienes abusan de las personas con buena fe. Aumentar la claridad mental y combatir emociones negativas. Superar dificultades y atraer la paz al hogar. Revelar engaños o sacar a la luz estafas o información oculta.

Plegaria: «Sea por siempre celebrada la Gloria del Señor. Complacerse ha el Señor en sus criaturas» (Salmo 103:31).

Las personas nacidas del 3 al 7 de diciembre pueden invocar la ayuda de Hahasiah cualquier día del año. Los nacidos en otras fechas podrán hacerlo el: 24/2; 10/5; 21/7; 29/9; 10/12. La conexión será más propicia durante su horario de regencia: de 16.41 a 17.00 horas.

52

Imamiah/Expiación

Coro: Principados.

Significa: Dios elevado.

Sefirot: *Netzaj/Guevurá*/Poder.

Planeta: Júpiter.

Signo zodiacal: Sagitario.

Color: Anaranjado.

Mineral: Circón naranja.

Metal: Estaño.

Mensaje. Te aporto la esencia de la expiación. Reconocerás y enmendarás los errores cometidos en el pasado. Neutralizarás su carga adoptando nuevos hábitos. La meditación y la plegaria liberarán tu alma de las fuerzas antagónicas que impiden tu evolución espiritual. Tu carácter mejorará gracias a prácticas sencillas como la relajación, el yoga o escuchar música. Desarmarás a tus enemigos internos mediante la aceptación de ti mismo. Respecto a los externos, perderás el interés en imponer «tu verdad» o «tu credo». Aprenderás a respetar las creencias religiosas de los demás. No importan la liturgia, los ritos o las costumbres. Cada pueblo elige las suyas más por tradición social que por religión. Ante los poderes celestiales sólo cuenta la intención noble de un corazón sencillo. Practica la humildad, la tolerancia y la compasión por tus semejantes. Serás un justo entre los justos cuando comprendas la sabiduría que hay en estas palabras.

Dones. Gran fortaleza y temperamento vigoroso. Los patrocinados de Imamiah están dotados de una paciencia excepcional que los ayuda a soportar todo tipo de adversidades. Trabajadores rápidos y eficaces, cosechan éxitos económicos y logran sus metas. Amantes de los viajes. Tienen vocación de ayudar a quienes viven en cárceles, sean éstas físicas o espirituales. Es usual hallarlos prestando servicio en centros penitenciarios o en «teléfonos de la esperanza». Saben corregir sus errores y los de los demás con suavidad y comprensión. Son guiados por una voz interior que les muestra cómo actuar y levantarse tras una caída. Al elegir pareja son muy intuitivos y acaban por encontrar aquella que mejor se adapta a sus creencias religiosas o filosóficas, pues necesitan ser comprendidos.

Profesiones. Favorece las relacionadas con el servicio humanitario. Asistentes sociales, funcionarios de prisiones, lugares de rehabilitación para drogodependientes, ayuda a mujeres maltratadas, hogares infantiles.

El ángel rebelde incita. Al fanatismos religioso. Al orgullo y la blasfemia. A un carácter egoísta que no pide nunca nada para no tener que dar.

Invocarlo es eficaz. Para ofrecer recursos legales a los presos con el fin de conseguir la libertad y reintegrarse socialmente si están verdaderamente arrepentidos. Paciencia y valor ante las calamidades. Beneficios en los negocios. Protección durante los viajes. Y en las inversiones en tierras extranjeras.

Plegaria: «Glorificaré al Señor por su justicia y cantaré himnos de alabanza a su excelso nombre del Señor Altísimo» (Salmo 7:18).

Las personas nacidas del 8 al 12 de diciembre pueden invocar **la ayuda de Imamiah** cualquier día del año. Los nacidos en otras fechas podrán hacerlo el: 25/2; 11/5; 22/7; 30/9; 11/12. La conexión será más propicia durante su horario de regencia: de 17.01 a 17.20 horas.

53

Nanael/Comunició

Coro: Principados.

Significa: Dios que disminuye a los orgullosos.

Sefirot: *Netzaj/Tiferet*/Belleza.

Planeta: Júpiter.

Signo zodiacal: Sagitario.

Color: Amarillo cálido.

Mineral: Citrino.

Metal: Estaño.

Mensaje. Te aporto la esencia de la comunicación espiritual. Dejarás a un lado los ocios superfluos que te hacen perder tiempo para dedicarte a saciar tu sed de aprender. Un cable de energía conectará tu corazón con la fuente de poder infinito de la cual soy mensajero. Solicitarás conocimiento y te será concedido. Pero cuidado con sentirte demasiado orgulloso por tus logros intelectuales. La vida te demostrará que a veces no se logra todo cuanto se desea o se propone sin la intervención de una ayuda providencial. Aceptar este hecho te pondrá en condiciones de desvelar los secretos del espíritu. Compartirás tu conocimiento con quien, al igual que tú, es capaz de mostrarse modesto. Huye de la soberbia de quienes se creen más inteligentes que otros. Y así tu búsqueda de la verdad te llevará a lo esencial y trascendente de este mundo.

Dones. Delgados, con rostro serio y poco dados a expansiones y ejercicios físicos, aunque jóvenes de aspecto. Los patrocinados de Nanael tienen el carácter de un lobo solitario. Pasan mucho tiempo reflexionando sobre temas metafísicos e intentan conocerse mejor a sí mismos. Algunos poseen vocación religiosa, pues tienen facilidad para entrar en contacto con su esencia espiritual. Gozan de gran claridad mental y una especie de tercer ojo que les permite adelantarse a los pensamientos de otros o predecir el futuro, aunque suelen ser escépticos respecto a sus habilidades y no las utilizan con un fin premeditado. En su juventud caen en un pesimismo compulsivo que con el tiempo se transforma en optimismo moderado. Tímidos y reservados sólo se muestran en la intimidad de su casa. Protegen en exceso a su familia impidiéndoles tomar iniciativas.

Profesiones. Favorece las relacionadas con el estudio o la enseñanza de las religiones, la filosofía, la ética. También la vocación sacerdotal.

El ángel rebelde incita. A mantenerse siempre melancólico, a la espera de noticias negativas. A creerse continuamente en peligro. A hacer gala de prejuicios dañinos en temas de religión o ética.

Invocarlo es eficaz. Para aprobar oposiciones o exámenes difíciles. Descubrir la vocación sacerdotal. Confiere distinciones por méritos propios o conocimientos adquiridos. Propicia el encuentro con un guía espiritual verdadero.

Plegaria: «Señor, sé que tus juicios son justos; y conforme a tu verdad me has humillado» (Salmo 118:75).

Las personas nacidas del 13 al 17 de diciembre pueden invocar **la ayuda de Nanael** cualquier día del año. Los nacidos en otras fechas podrán hacerlo el: 26/2; 12/5; 23/7; 1/10; 12/12. La conexión será más propicia durante su horario de regencia: de 17.21 a 17.40 horas.

54

DEL 18 AL 22 DE DICIEMBRE
Nithael/Legitimidad

Coro: Principados.
Significa: Dios rey de los cielos.
Sefirot: *Netzaj/Netzaj*/Victoria.
Planeta: Júpiter.
Signo zodiacal: Sagitario.
Color: Violeta.
Mineral: Sugilita.
Metal: Estaño.

Mensaje. Te aporto la esencia de la legitimidad sucesoria. Conocerás de forma intuitiva cuál es tu lugar en la vida y cuál es el de los demás. Tendrás el don de tratar con la misma ecuanimidad a los poderosos que a los subalternos. Desde la bondad de tu corazón reprocharás a los primeros su mala conducta si fuera necesario. Y considerarás las opiniones y consejos de los segundos. Tus palabras y actos estarán siempre al servicio del bien. Consciente de que nada es para siempre, darás gracias por todos tus logros. Y lejos de erigirte en modelo de los demás, esperarás a que sean ellos quienes busquen tu consejo si te has hecho acreedor de su admiración. Sé justo y sembrarás justicia, sé bondadoso y pondrás en evidencia la crueldad. Predica lo efímero de la vida, la brevedad de lo bueno y de lo malo. Destilarás sabiduría y los demás desearán aprender de ti. Tu descendencia, bendecida por tus obras, recibirá tu legado con toda justicia.

Dones. Vigor físico, hábitos saludables y serenidad mental otorgan a los patrocinados de Nithael una vida larga, feliz y pacífica. Contarán con protección divina en los momentos de peligro. Y su nobleza de corazón los llevará a ayudar a los menos favorecidos. La elocuencia, la calma y la capacidad de juzgar con equidad e imparcialidad situaciones difíciles hacen de ellos buenos intermediarios y negociadores. Brillantes consejeros de gobernantes o grandes empresarios, no se olvidan de reclamar el trato más justo para quienes ocupan los puestos más bajos de la escala social. Emocionalmente son muy estables y gracias a ello triunfan en todo cuanto emprenden, ya sea su trabajo o sus relaciones afectivas. Muy protectores con la pareja y los hijos, cuidan de la salud de todos con celo excesivo.

Profesiones. Favorece las que implican correr grandes riesgos, como el manejo de maquinaria pesada. Auspicia la vocación política o la dirección de grandes empresas. También la notaría y la abogacía relacionada con la sucesión y las herencias. Propicia también la dedicación a la literatura o la filosofía.

El ángel rebelde incita. Al egoísmo acérrimo con las propias pertenencias. A usurpar el puesto de otros. A la insurrección política y a la sedición.

Invocarlo es eficaz. Para obtener protección contra accidentes laborales. Conservar el puesto de trabajo o los bienes propios. Alcanzar la celebridad en la profesión que se desempeñe. Concede estabilidad a los políticos o reyes que alcanzaron su cargo legítimamente. Larga vida.

Plegaria: «El Señor asentó en el cielo su trono; y su reino dominará sobre todos» (Salmo 102:19).

Las personas nacidas del 18 al 22 de diciembre pueden invocar **la ayuda de Nithael** cualquier día del año. Los nacidos en otras fechas podrán hacerlo el: 27/2; 13/5; 24/7; 2/10; 13/12. La conexión será más propicia durante su horario de regencia: de 17.41 a 18.00 horas.

55

Mebahiah/Lucidez

Coro: Principados.
Significa: Dios eterno.
Sefirot: *Netzaj/Hod*/Gratitud.
Planeta: Tierra.
Signo zodiacal: Capricornio.
Color: Negro.
Mineral: Ónice.
Metal: Plomo.

Mensaje. Te aporto la esencia de la lucidez intelectual. Poseerás una rara capacidad de analizar con toda claridad cada situación en la vida. Y lo más importante, tu objetivo principal será penetrar en los secretos de la existencia. Querrás conocerte mejor, saber para qué y por qué estás aquí. Al contemplar las estrellas anhelarás saber por dónde se va a la morada de la luz y cómo escapar a las tinieblas. Comprenderás las relaciones entre microcosmos y macrocosmos. La astrología será uno de tus intereses. Estudiarás y entenderás cómo influyen en los actos humanos los planetas. Desearás compartir con otros tus conocimientos. Convencido de que el niño del presente es el hombre del futuro, pondrás especial atención a la educación infantil para desterrar de las almas inocentes las tendencias negativas que impiden la propagación de las virtudes celestiales en la Tierra.

Dones. Fuertes e inclinados a nutrir cuerpo y alma a partes iguales. Su pasión por el misticismo los lleva a estudiar diferentes religiones o metafísicas que apuntalen sus creencias en lo sobrenatural. Son pragmáticos y aplican lo aprendido a su vida cotidiana. De jóvenes no son muy sociables. Prefieren estar a solas indagando en temas esotéricos. No son muy ambiciosos ni buscan la fama. Su mayor recompensa es el tiempo libre para disfrutar de sus libros o del contacto con la naturaleza. Muy generosos y solidarios con sus compañeros de trabajo y las personas a las que aman. Buscan una pareja con la que tener hijos, pues tienen un gran sentido de contribuir a la propagación de la raza humana, ya que consideran la reproducción pieza clave de los designios cósmicos. Legarán a su descendencia sus grandes principios morales.

Profesiones. Favorece las relacionadas con la infancia, su educación y protección. Auspicia a quienes tienen vocación de escritores, libreros, músicos, profesores, pediatras y terapeutas de niños.

El ángel rebelde incita. A maltratar a los niños. A la confusión mental, el gusto por la mentira y la ignorancia. A descuidar el cuerpo y caer en hábitos dañinos para la salud.

Invocarlo es eficaz. Para proteger a los niños en general. Concede el deseo de tener hijos y resuelve problemas de esterilidad. Aporta consuelo en momentos difíciles. Otorga facilidad en el aprendizaje. Ayuda a difundir ideas espirituales.

Plegaria: «Tú, Señor, reinas para siempre, y tu memoria pasará de generación en generación» (Salmo 101:13).

Las personas nacidas del 23 al 27 de diciembre pueden invocar la ayuda de Mebahiah cualquier día del año. Los nacidos en otras fechas podrán hacerlo el: 28/2; 14/5; 25/7; 3/10; 14/12. La conexión será más propicia durante su horario de regencia: de 18.01 a 18.20 horas.

56

Poyel/Fortuna

Coro: Principados.

Significa: Dios que sostiene el universo.

Sefirot: *Netzaj*/*Yesod*/Fundamento.

Planeta: Tierra.

Signo zodiacal: Capricornio.

Color: Castaño rojizo.

Mineral: Ojo de tigre.

Metal: Estaño.

Mensaje. Te aporto la esencia de tener fortuna y talento sin perder la modestia. Sabes que este hermoso mundo material no es más que un reflejo vago de la realidad invisible donde se asienta el reino de Dios. Por ello, si bien serás un enamorado de la belleza externa de la creación y darás gracias por ella, no cifrarás tu bienestar en las circunstancias exteriores. En todo momento basarás tu felicidad en tu equilibrio interior. Sabes que tus emociones y cualidades han de estar a tu servicio y no tú al servicio de ellas. Aceptarás las pruebas del destino con paciencia. Tu optimismo y buen humor son un acicate para otros más pesimistas o menos favorecidos por la suerte. Y es esa mentalidad positiva, pero moderada, la que que hace de ti un talismán para quienes te rodean. Tu misión será hacer buen uso de las palabras e implantar la cortesía y las buenas maneras.

Dones. Muy atractivos y magnéticos, con buena salud, suelen disfrutar de una vida larga, pues se recuperan de las enfermedades con rapidez.

En realidad están tocados por una varita mágica y son muy afortunados en todo cuanto emprenden. El secreto de su éxito está en su naturaleza modesta. Jamás se jactan de sus logros por más triunfos que obtengan. Oradores excelentes, comunican con bellas imágenes sus ideas y saben captar la atención de sus oyentes. Resultan divertidos en sociedad, pues su sentido del humor hace más llevaderos los sinsabores de la vida. En el amor son tímidos pero románticos. Forman una familia desde jóvenes, ya que les encanta tener hijos que criarán en armonía y a los que legarán una portentosa salud y longevidad.

Profesiones. Favorece las relacionadas con el espectáculo. Actores o guionistas de comedia, artistas circenses y animadores sociales se ven también auspiciados. Así como los filósofos, terapeutas y psicólogos con ideas originales sobre el desarrollo personal.

El ángel rebelde incita. A cometer reiteradamente los mismos errores. A no tolerar las debilidades propias ni las ajenas. A la mentira y el engaño. **Invocarlo es eficaz.** Para obtener cualquier cosa que se pida: fama, fortuna, conocimiento filosófico y espiritual. Facilita la comunicación de las ideas. Protege contra cualquier mal.

Plegaria: «El Señor extiende su mano a todos los que van a caer, y endereza a todos los agobiados» (Salmo 144:14).

Las personas nacidas del 28 al 31 de diciembre pueden invocar la ayuda de Poyel cualquier día del año. Los nacidos en otras fechas podrán hacerlo el: 1/3; 15/5; 26/7; 4/10; 15/12. La conexión será más propicia durante su horario de regencia: de 18.21 a 18.40 horas.

Octavo coro

Arcángeles

57

Nemamiah/Discernimier

Coro: Arcángeles.

Significa: Dios loable.

Sefirot: *Hod*/*Jojmá*/Sabiduría.

Planeta: Saturno.

Signo zodiacal: Capricornio.

Color: Negro.

Mineral: Azabache.

Metal: Plomo.

Mensaje. Te aporto la esencia del entendimiento. La constancia en la consecución de tus planes será tu divisa. Lucha siempre por una causa justa. No olvides que ninguna etapa en el camino es definitiva. Siempre tendrás que seguir esforzándote. En este mundo todo habla de Dios pero nada es Dios. La inteligencia humana no puede acceder a Él, aunque, mediante su gracia y revelación, tendrás fugaces visiones de su gloria. No pretendas conseguir más conocimiento sólo con tu mente, pues el exceso de racionalismo te alejará del mundo invisible. Tu grandeza de alma te llevará a luchar por los menos favorecidos. Afrontarás tus responsabilidades con valentía y serás condecorado con la luz de aquellos que con actos nobles consiguen traspasar el umbral de la ignorancia para penetrar en la tierra excelsa de la sabiduría.

Dones. Porte decidido y fortaleza física. Conocen de un modo inequívoco cuál es su vocación profesional. Hallan, por medio de afortunadas coincidencias, a las personas adecuadas para ayudarlos a la consecución de sus metas. Prosperan con facilidad y obtienen reconocimiento de sus contemporáneos por la gestión o dirección de aquello que los ocupa. Capaces de soportar fatigas de forma valerosa. Algunos son excelentes militares. Su portentosa inteligencia puede llevarlos a triunfar en el campo de la investigación o a realizar hallazgos que supondrán grandes mejoras para la sociedad de su tiempo. Poseen control sobre sus emociones y tardan en aceptar su necesidad de afecto. Se regirán más por la cabeza que por el corazón en su elección de pareja, pero sus relaciones serán felices y bajo el signo de la comprensión mutua.

Profesiones. Favorece las relacionadas con la carrera militar, en la que pueden alcanzar altos puestos de mando. Propicia todas las ocupaciones que requieren capacidad para soportar grandes fatigas, como hacen los reporteros de guerra. O a los investigadores y políticos vanguardistas.

El ángel rebelde incita. A la cobardía, a la tentación de atacar y dañar a personas indefensas o desamparadas.

Invocarlo es eficaz. Para obtener valor ante responsabilidades que parecen superar nuestras fuerzas. Prosperidad en todas las empresas. Ayuda a liberar a los prisioneros de guerra y protege a los que combaten por una causa justa. Fortaleza para superar las dificultades.

Plegaria: «En el Señor han esperado los que lo temen y adoran; el Señor es su amparo y su protección» (Salmo 115:11).

Las personas nacidas del 1 al 5 de enero pueden invocar **la ayuda de Nemamiah** cualquier día del año. Los nacidos en otras fechas podrán hacerlo el: 2/3; 16/5; 27/7; 5/10; 16/12. La conexión será más propicia durante su horario de regencia: de 18.41 a 19.00 horas.

58

Yeialel/Fortaleza

Coro: Arcángeles.

Significa: Dios que atiende las generaciones.

Sefirot: *Hod/Biná/*Inteligencia.

Planeta: Saturno.

Signo zodiacal: Capricornio.

Color: Índigo.

Mineral: Iolita.

Metal: Plomo.

Mensaje. Te aporto la esencia de la fortaleza mental. Análisis y lógica serán tus instrumentos ante cualquier conflicto. Tendrás que aprender a vencer el impulso de dar por finalizada una empresa, los estudios o una relación cuando las cosas no van como tú deseas. Plantéate objetivos a largo plazo. No te dejes arrastrar por la pasión, la cólera o el sentimentalismo. Juzga sin engaño ni ilusión la realidad. Atesora un estado de ánimo optimista. Aprovecha cada momento sin perder de vista tus sueños. No eludas dificultades, no escatimes esfuerzos. Te espera un largo camino, pero al cabo conseguirás cruzar al otro lado del desfiladero de las sombras. Y con el temple de un carácter sereno, alcanzarás regiones luminosas. Dirigirás tu mirada al cielo para descubrir dichoso destellos fulgurantes de eternidad.

Dones. Atractivos físicamente, los patrocinados de Yeialel disfrutan generalmente de salud y vigor. Pausados en sus movimientos y reacciones. Con un control férreo sobre sus emociones, prefieren la paz a la guerra. Muy francos, prefieren abstenerse de opinar antes que ofender a alguien. Tienen el don de los sanadores, pues gozan de un humor positivo que conjura toda enfermedad o mala influencia. Generosos y muy tradicionales. Optarán por empleos convencionales o que les permitan estar en contacto con personas mayores, pues desean aprender de los más sabios. Evitan el compromiso sentimental porque les gusta ser independientes. Con el tiempo comprenden que convivir con otra persona les permitirá conocerse mejor a sí mismos y a no engañarse respecto a sus defectos. En la intimidad son muy afectuosos y protectores.

Profesiones. Favorece las relacionadas con el acero y la metalurgia. La construcción de ferrocarriles y sus vías. Ingeniería de caminos. O ingeniería aeronáutica. Arquitectura.

El ángel rebelde incita. A ser autodestructivos. A arranques de cólera que pueden suscitar el abandono del puesto de trabajo o rupturas con la pareja, la familia o las amistades.

Invocarlo es eficaz. Para dominar los arranques de ira. Obtener la curación de enfermedades. Combate la tristeza. Aporta soluciones lógicas a toda clase de problemas. Protege contra el mal de ojo.

Plegaria: «Mi alma está turbada. ¿Y tú, Señor? ¿Hasta cuándo harás durar mi tribulación?» (Salmo 6:4).

Las personas nacidas del 6 al 10 de enero pueden invocar **la ayuda de Yeialel** cualquier día del año. Los nacidos en otras fechas podrán hacerlo el: 3/3; 17/5; 28/7; 6/10; 17/12. La conexión será más propicia durante su horario de regencia: de 19.01 a 19.20 horas.

59

Harahel/Riqueza intelectu

Coro: Arcángeles.
Significa: Dios que conoce todas las cosas.
Sefirot: *Hod*/*Jesed*/Bondad.
Planeta: Saturno.
Signo zodiacal: Capricornio.
Color: Azul marino.
Mineral: Lapislázuli.
Metal: Plomo.

Mensaje. Te aporto la esencia de la riqueza intelectual. Tu inteligencia será siempre activa, positiva y equilibrada. La emplearás en aprender y adquirir conocimientos específicos que te valdrán con el tiempo abundancia de bienes materiales y espirituales. Procura administrarlos adecuadamente. No los dilapides. Sé agradecido con quienes te han concedido sus favores. No te olvides de tus progenitores. Y acepta también las pruebas de la vida con ánimo sereno. Comparte tu sabiduría. Encuentra una vía de expresión y comunicación para tus experiencias. Progresarás a pasos agigantados cuando te pongas al servicio de la sociedad como profesor, maestro o consejero. En el intercambio de ideas será donde tu talento resplandezca.

Dones. Inquietos, ágiles en sus movimientos y reacciones. Con un carácter curioso y una inteligencia inquisitiva que los lleva a interesarse por todo tipo de temas culturales. Hábiles para estudiar, aprender, memorizar y exponer sus ideas. Consideran el trabajo una forma para realizarse y lo hacen con alegría y optimismo. Consiguen por propios méritos distinciones profesionales, posición y fortuna. Su éxito no se antepondrá nunca a su vida hogareña. Prefieren la comodidad de su casa a los oropeles de fiestas y reuniones sociales. Encuentran pronto la persona a quien amar. Son muy extrovertidos y efusivos en sus emociones. Les encantan los niños. Inculcarán a su descendencia la excepcional escala de valores que le enseñaron sus padres. Y mantendrá tanto con éstos como con sus hijos una excelente relación basada en la tolerancia y el respeto mutuos.

Profesiones. Favorece las relacionadas con la inversión cultural. Editoriales, librerías, distribución de revistas, archivo de bibliotecas, administración de fondos públicos cuyo fin es desarrollar el arte y la cultura. También la especulación comercial y bursátil.

El ángel rebelde incita. A derrochar los bienes propios y ajenos. A arruinarse física o moralmente. A no tener descendencia.

Invocarlo es eficaz. Para combatir la esterilidad. Favorece la concepción de hijos sobre todo en su horario de regencia. Otorga éxito en negocios editoriales. Propicia la labor de distribuidoras, imprentas, librerías, periódicos y todos los medios de comunicación en general. Facilita la comprensión y el respeto entre padres e hijos. Protege contra la bancarrota.

Plegaria: «Desde oriente hasta poniente es digno de ser bendecido el nombre del Señor» (Salmo 112:3).

Las personas nacidas del 11 al 15 de enero pueden invocar **la ayuda de Harahel** cualquier día del año. Los nacidos en otras fechas podrán hacerlo el: 4/3; 18/5; 29/7; 7/10; 18/12. La conexión será más propicia durante su horario de regencia: de 19.21 a 19.40 horas.

60

Mitzrael/Reparación

Coro: Arcángeles.

Significa: Dios que consuela a los oprimidos.

Sefirot: *Hod*/*Guevurá*/Poder.

Planeta: Saturno.

Signo zodiacal: Capricornio.

Color: Negro.

Mineral: Azabache.

Metal: Plomo.

Mensaje. Te aporto la esencia de la reparación que cura las heridas del alma. Eleva tu mente con la lectura de textos antiguos y tradiciones filosóficas donde se habla de santos, sabios y personas ejemplares. Recita poemas que canten a la vida en voz alta. Escucha música sanadora que silencie el ruido de los pensamientos agitados. Tus estudios han de ir acompañados de obras. No hay verdadera ciencia si no se practica lo aprendido. Desarrolla tus virtudes examinando el efecto de tus actos, siendo sincero contigo mismo y constante en el esfuerzo de superación. Practica el amor a tu familia, en especial a tus progenitores y en general el respeto a los mayores. Pide para los demás aquello que pides para ti mismo. La benevolencia y bondad hacia tus semejantes te permitirá alcanzar un estado de pura alegría semejante el elixir buscado por los alquimistas.

Dones. Resueltos en sus gestos y francos al hablar. Tienen el don de cultivar y desarrollar las buenas cualidades de cuerpo y alma. Gozarán de buen humor y larga vida. Son pragmáticos, pero también tienen interés en el mundo espiritual y las ciencias ocultas. En ocasiones su ingenuidad los hace ser víctimas de embaucadores y timadores. O ver poderes sobrenaturales donde sólo hay superchería. Se sienten atraídos por las novedades tecnológicas, los inventos de última hora o cualquier ocupación que salga fuera de lo común. Muy tradicionales respecto al matrimonio, suelen casarse con personas afines o que pertenecen a su círculo de amigos. En ocasiones han de demostrar capacidad para cuidar a padres o a hijos con enfermedades mentales. Paradójicamente, aceptar tal responsabilidad será su mejor carta de triunfo para sentirse felices en la vida.

Profesiones. Las relacionadas con el cuidado de personas con algún tipo de discapacidad. O la enseñanza a niños con alguna minusvalía. Favorece todas las misiones que intentan liberar a los pueblos o personas oprimidas por abusos de poder, guerras o hambrunas.

El ángel rebelde incita. A la insubordinación contra los superiores. A dar rienda suelta a las malas cualidades físicas y morales.

Invocarlo es eficaz. Para favorecer las relaciones entre padres e hijos, sobre todo cuando se produce algún tipo de minusvalía o enfermedad mental. Ayuda a liberarnos de quienes nos persiguen. Obtener reconocimiento social por el propio talento. Protege contra insubordinaciones de empleados o subalternos.

Plegaria: «Justo es el Señor en todas sus disposiciones y bondadoso en todas sus obras» (Salmo 144:17).

Las personas nacidas del 16 al 20 de enero pueden invocar la ayuda de Mitzrael cualquier día del año. Los nacidos en otras fechas podrán hacerlo el: 5/3; 19/5; 30/7; 8/10; 19/12. La conexión será más propicia durante su horario de regencia: de 19.41 a 20.00 horas.

61

Umabel/Afinidad

Coro: Arcángeles.

Significa: Dios elevado.

Sefirot: *Hod/Tiferet*/Belleza.

Planeta: Urano.

Signo zodiacal: Acuario.

Color: Azul claro.

Mineral: Celestita.

Metal: Platino.

Mensaje. Te aporto la esencia de la afinidad. Es la virtud que rige la ley de las analogías. Aquello que te permite acceder a lo desconocido a través de lo conocido. Comprenderás las conexiones entre el microcosmos y el macrocosmos. El cielo y la tierra. Entenderás qué quiere decir que «lo semejante atrae a lo semejante». Conocerás la ciencia secreta que conecta plantas, minerales y metales con las estrellas. Y tuyo será el don de aplicar con acierto el saber astrológico o el arte de la medicina natural. En tu camino atraerás la simpatía de personas afines. Experimentarás el júbilo de la pasión, aunque también las penas del amor. Permanece atento. Recuerda dedicar tu tiempo y alegrías al mundo invisible, porque en él hallarás al mejor y verdadero amigo.

Dones. Apariencia etérea y movimientos delicados. Los patrocinados de Umabel poseen una elegancia natural y amor hacia las cosas bellas. Tendencia a formar parte de grupos sociales y a compartir con numerosas personas objetivos e inquietudes. Destacan por su facilidad para desentrañar los misterios del cosmos a partir de la observación. O su capacidad para sanar a otros por medio de métodos naturales. Sus dotes de mando hacen de ellos líderes organizados y muy admirados. Apasionados por el conocimiento en general, los trabajos creativos, los viajes, el arte y, en especial, por la música. En el desempeño de su labor profesional son eficientes y muy solidarios con sus compañeros. Románticos y sensibles. Durante su juventud sufren tristezas a causa del amor. Por eso cuando encuentran una persona afín a su esencia son muy dichosos y fundan una familia armoniosa.

Profesiones. Propicia las relacionadas con la astrología y el ocultismo. La dirección de herbolarios. O la sanación por medios naturales. Asimismo auspicia la carrera de guía turístico; los negocios de exportación o importación; la dedicación al arte en general y a la música o al canto en particular.

El ángel rebelde incita. A derrochar el tiempo inútilmente en placeres contrarios al orden cósmico. A la melancolía y la nostalgia por amores ya pasados. A la obsesión por conseguir enamorar a personas que no les corresponden.

Invocarlo es eficaz. Para obtener amistades o encontrar a la persona a quien amar durante toda la vida. Concede la realización de viajes agradables en grupo o en solitario. Favorece las artes de magia blanca, la confección de talismanes o remedios de fitoterapia. Protege contra las penas de amor.

Plegaria: «Bendito sea el nombre del Señor desde ahora y hasta el final de los siglos» (Salmo 112:2).

Las personas nacidas del 21 al 25 de enero pueden invocar **la ayuda de Umabel** cualquier día del año. Los nacidos en otras fechas podrán hacerlo el: 6/3; 20/5; 31/7; 9/10; 20/12. La conexión será más propicia durante su horario de regencia: de 20.01 a 20.20 horas.

62

Iahhel/Afán de sabe

Coro: Arcángeles.

Significa: Dios paciente

Sefirot: *Hod/Ntezaj/*Victoria.

Planeta: Urano.

Signo zodiacal: Acuario.

Color: Gris.

Mineral: Cuarzo.

Metal: Platino.

Mensaje. Te aporto la esencia del afán de aprender. Tus intereses no están en este mundo. Tienes alma de cabalista. La contemplación de las maravillas del universo te inspirará la evidencia interna de la verdad. Cobrarás conciencia de estar «dormido» y anhelarás «despertar», regresar a la «casa primordial». Te será concedida la fuerza para dedicarte exclusivamente a este empeño. La filosofía, la religión o la teología serán tus instrumentos. Sólo una advertencia: vence el impulso que te lleva a aislarte y separarte de los demás. Si hallas un tesoro perdido no lo guardes para ti solo. Sólo en la transmisión del conocimiento adquirido serás útil a los planes de la creación. Has de llevar a otros al lugar donde residían antes de su nacimiento. Mostrarles cómo liberar el esplendor aprisionado en sus cuerpos.

Dones. Vitalidad disminuida a causa de un temperamento nervioso. El agotamiento intelectual les produce ocasionalmente cierta fatiga, que podría desaparecer si controlaran sus preocupaciones y cultivaran el optimismo. Necesitan tiempo y lugares tranquilos para reflexionar en soledad. Su prioridad no es el éxito material. Desean ante todo hallar un sentido a su vida, conocerse mejor a sí mismos. Su búsqueda los conduce a la conciencia de la unidad con todos los seres. Y los induce a escribir y difundir ideas sobre una filosofía o religión unitaria que combata el problema del mal en el mundo. Poseen una capacidad asombrosa de trabajo y un marcado sentido de la responsabilidad. Son modestos y no esperan que les sea regalado nada. Su elección de pareja suele ser muy afortunada y entablan relaciones felices basadas en la consecución de objetivos comunes.

Profesiones. Favorece las relacionadas con el estudio de las religiones, la filosofía y la vocación religiosa. Propicia entrar en órdenes de clausura.

El ángel rebelde incita. A la adicción al conocimiento que convierte a la persona en un ratón de biblioteca insaciable. A la misantropía y el aislamiento. A relaciones sentimentales escandalosas o a derrochar el dinero en lujos inútiles.

Invocarlo es eficaz. Para aumentar el crecimiento espiritual. Inspiración para los filósofos. Iluminación para los religiosos. Buen entendimiento entre cónyuges.

Plegaria: «Mira, Señor, cuánto amo tus mandamientos: por tu misericordia otórgame la vida» (Salmo 118:159).

Las personas nacidas del 26 al 30 de enero pueden invocar **la ayuda de Iahhel** cualquier día del año. Los nacidos en otras fechas podrán hacerlo el: 7/3; 21/5; 1/8; 10/10; 21/12. La conexión será más propicia durante su horario de regencia: de 20.01 a 20.20 horas.

63

Anauel/Unidad

Coro: Dominaciones.

Significa: Dios infinitamente bueno.

Sefirot: *Hod/Hod*/Gratitud.

Planeta: Urano.

Signo zodiacal: Acuario.

Color: Verde mar.

Mineral: Turquesa.

Metal: Platino.

Mensaje. Te aporto la esencia de la percepción de la Unidad. Te sentirás ante todo habitante del universo, miembro de la especie humana más allá de fronteras y credos religiosos. A través de viajes y experiencias con personas de diferentes razas alcanzarás la tolerancia, la bondad, la compasión. Te sentirás atraído por antiguas prácticas de meditación o cuidado del cuerpo, como el yoga. Purifica tu corazón, ilumina tu mente, perfecciona tu conducta y alcanzarás incluso aquí, en esta Tierra, la ciencia divina que aleja de la ignorancia y otorga a cada uno, según su capacidad, la íntima conexión con todos los seres creados. El sabio sabe que el logro más alto es percibir al Uno en todas las cosas, aunque sin percibirlo a Él mismo. Poco a poco en tu camino entrarás en un estado en el que experimentarás los atisbos del éxtasis puro.

Dones. Temperamento vivo que canalizará hacia fines elevados. Desde su juventud desean conocer mundo, ampliar su horizonte, visitar países lejanos. Se sentirán atraídos por el estudio de las religiones o de la filosofía. Sus creencias religiosas suelen reunir varios credos en un sincretismo original. Muy emocionales, a veces toman decisiones precipitadas. Son buenos conversadores, pero sobre todo saben escuchar a los demás. Muy inquietos, podrían cambiar de profesión varias veces a lo largo de su vida. Honestos y humildes, defienden los privilegios de los más necesitados. Adquirirán bienes y confort con el fruto de su trabajo, aunque no son especialmente ambiciosos. Su pareja ha de compartir su inclinación por los viajes o por los temas espirituales.

Profesiones. Favorece la enseñanza de la filosofía, la ética y la religión. También las carreras relacionadas con el comercio y los negocios en general. Asimismo auspicia a quienes se dedican a la comunicación mediática, pues favorece el intercambio de opiniones e ideas.

El ángel rebelde incita. A hablar con demasiada franqueza y brusquedad, algo que hace daño a los demás. A derrochar dinero y tiempo. A disipar energías en objetivos que se revelan inútiles.

Invocarlo es eficaz. Para difundir ideas espirituales. Protección contra accidentes fortuitos o pérdida de objetos. Otorga una curación rápida. Libera de las dependencias emocionales o materiales. Protege contra falsos profetas.

Plegaria: «Servid al Señor con temor, y regocijaos en Él con temblor santo» (Salmo 2:11).

Las personas nacidas del 31 de enero al 4 de febrero pueden invocar **la ayuda de Anauel** cualquier día del año. Los nacidos en otras fechas podrán hacerlo el: 8/3; 22/5; 2/8; 11/10; 22/12. La conexión será más propicia durante su horario de regencia: de 20.41 a 21.00 horas.

64

Mehiel/Vivificación

Coro: Arcángeles.

Significa: Dios que vivifica todas las cosas.

Sefirot: *Hod/Yesod*/Fundamento.

Planeta: Urano.

Signo zodiacal: Acuario.

Color: Dorado.

Mineral: Ámbar.

Metal: Platino.

Mensaje. Te aporto la esencia de la vivificación espiritual. Tus ganas de vivir serán inagotables. Amarás la sencillez, los detalles que son la clave de la alegría. Tendrás el poder de observar tus emociones negativas y conseguirás frenarlas antes de hacerte daño a ti mismo o a otros. Y en esa fricción por conseguir que no se desborden inútilmente la ira, la tristeza, la impaciencia o la ansiedad, purificarás tu corazón y transformarás tu carácter para mostrar tu rostro más amable. Con tu ejemplo procurarás a otros la posibilidad de revivificar con nuevas fuerzas su espíritu. Te convertirás en un remanso de paz para quienes te rodean. Un refugio seguro. Tu inspiración se centrará en tareas creativas. Tendrás ocasión de tejer los días de tu vida como si fueran las puntadas de un tapiz único y asombroso por su equilibrio en tonalidades y motivos. Instruye a otros sobre las verdades trascendentes y llévalos hacia las regiones luminosas de la sabiduría.

Dones. Energía física y vigor que parecen inagotables. Fuerza de voluntad para acometer sus deberes. Conocen cómo motivarse a sí mismos para finalizar cuanto emprenden sin pérdida de tiempo. Son líderes excelentes, pues transmiten su entusiasmo a los demás. Muy creativos, pueden triunfar en el mundo de la literatura o de la edición de libros. En su juventud luchan por controlar su fuerte temperamento que, en ocasiones, les juega malas pasadas. Una vez aprendida la lección se vuelven muy tolerantes con los errores ajenos, aunque siguen rebelándose contra la injusticia o el abuso de autoridad. Altruistas empedernidos. En sus relaciones afectivas son muy efusivos. Cuidan de sus padres tanto como de su pareja y sus hijos. A su lado todos se sienten seguros y protegidos.

Profesiones. Favorece las relacionadas con los trabajos de imprenta, la edición o las librerías. Profesores, periodistas, oradores, autores y filósofos también son auspiciados.

El ángel rebelde incita. A la charlatanería y la fanfarronería. A la presunción, a la polémica, crítica y disputa. A dejarse llevar por la ira y la amargura.

Invocarlo es eficaz. Para obtener el control de los propios impulsos, sobre todo cuando éstos son violentos como la cólera o la ira. Protege contra los animales feroces y las fuerzas del mal. Otorga capacidad para expresarse por escrito. Y concede éxito a los profesionales de la comunicación, escritores, oradores y profesores.

Plegaria: «Los ojos del Señor están puestos en los que lo temen y confían en su misericordia» (Salmo 32:18).

Las personas nacidas del 5 al 9 de febrero pueden invocar **la ayuda de Mehiel** cualquier día del año. Los nacidos en otras fechas podrán hacerlo el: 9/3; 23/5; 3/8; 12/10; 23/12. La conexión será más propicia durante su horario de regencia: de 21.01 a 21.20 horas.

Noveno coro

Ángeles

65

Damabiah/Sabiduría

Coro: Ángeles.

Significa: Dios que da sabiduría.

Sefirot: *Yesod*/*Jojmá*/Sabiduría.

Planeta: Urano.

Signo zodiacal: Acuario.

Color: Azul y verde.

Mineral: Ópalo iridiscente.

Metal: Platino.

Mensaje. Te aporto la esencia llamada «fuente de sabiduría». Se trata de un regalo que te permite superar las emociones turbulentas cuando es necesario. Sin negarlas ni reprimirlas tendrás capacidad de reflexionar y actuar con lógica. A un nivel más espiritual esta esencia te hace desprendido, solidario, altruista y capaz de renunciar a ti mismo para dedicarte a hacer felices a otros. El amor hacia tu prójimo se convertirá entonces en la fuerza motriz de tu voluntad. Incluso, si es lo suficientemente intenso y desinteresado, te cubrirá de una coraza que te protegerá hasta de tus enemigos. Cuando seas ofendido o calumniado no albergarás enemistad, sino que emitirás sentimientos de perdón más acordes con tu naturaleza esencial. Aprende a mirar por igual a todos los seres porque el Uno está por igual en todos. Dirige tus sentimientos hacia metas espirituales y hallarás el dinamismo capaz de conducirte al éxito y superar las fuerzas de la división.

Dones. Enérgicos y decididos. Muy activos. Inagotables en su entrega al trabajo. Buscan sentirse satisfechos con lo que hacen más que el provecho material. Aun así son pragmáticos y obtienen grandes beneficios con lo que hacen. Enamorados de los viajes, les gusta explorar regiones remotas y conocer otras culturas. Se adaptan bien a cualquier circunstancia y disfrutan de los desafíos. Su existencia será fácil y próspera porque poseen la nobleza de corazón que atrae la suerte. No suelen sufrir penas de amor pues olvidan pronto las rupturas. Y su sed de aventuras hace que tarden en decidirse a comprometerse en una relación. Cuando lo hacen son leales y muy generosos. Aunque no dejarán de consagrarse a sus expediciones.

Profesiones. Favorece las relacionadas con el medio acuático. Ayuda a pescadores, marineros, trabajadores en plataformas petrolíferas, buceadores y buscadores de tesoros arqueológicos submarinos. Oceanógrafos, fareros y guardacostas también verán auspiciadas sus carreras. Negocios náuticos o de exportación-importación por vía marítima.

El ángel rebelde incita. A debatirse en un mar de dudas ante cualquier decisión y naufragar moral o físicamente por no nutrir adecuadamente el cuerpo, el intelecto ni el espíritu.

Invocarlo es eficaz. Para obtener éxito en empresas relacionadas con el mar. Protege contra sortilegios y naufragios marítimos o el fracaso en los negocios náuticos. Otorga suerte material o el hallazgo de un tesoro.

Plegaria: «Vuélvete hacia nosotros, Señor. ¿Hasta cuándo te mostrarás airado? Ten compasión de tus siervos». (Salmo 89:13).

Las personas nacidas del 10 al 14 de febrero pueden invocar **la ayuda de Damabiah** cualquier día del año. Los nacidos en otras fechas podrán hacerlo el: 10/3; 24/5; 4/8; 13/10; 24/12. La conexión será más propicia durante su horario de regencia: de 21.21 a 21.40 horas.

66

Manakel/Conocimiento del bien y del m

Coro: Ángeles.

Significa: Dios que secunda y mantiene todas las co

Sefirot: *Yesod/Biná*/Inteligencia.

Planeta: Urano.

Signo zodiacal: Acuario.

Color: Azul lavanda.

Mineral: Tanzanita.

Metal: Platino.

Mensaje. Te aporto la esencia del conocimiento del bien y del mal. Se te ha concedido una aguda penetración moral. Ante los impulsos negativos de tu yo, tu conciencia te permitirá evaluar qué es bueno y qué no. Gracias a este don vencerás las inclinaciones erróneas de tus deseos. Impedirás que tu oscuridad se imponga a tu claridad. Comprende que la diferencia entre un hombre bueno y otro malo consiste en que el primero escucha y pone en práctica la inspiración divina presente en su interior, mientras que el segundo se resiste a ella. La naturaleza de tu ser determina tus actos, pero se manifiesta, ante todo, en la mente. Pues es posible cometer abominaciones con el corazón mientras se actúa de forma irreprochable. Vigila pues la pureza y bondad de tus pensamientos e intenciones, de este modo las mejores cualidades corporales y espirituales te vestirán con su resplandor.

Dones. Vitales y optimistas. Saben alimentarse y ejercitarse equilibradamente. Reconocen con rapidez sus equivocaciones y las corrigen. Tienen el don de diferenciar qué es positivo y qué es negativo en cualquier área de su existencia. Triunfan así con facilidad en el terreno económico, pues un instinto certero los hace invertir en aquello que arrojará dividendos. Consideran la existencia como un viaje hacia otra vida y van cargando sus maletas de sentimientos, palabras, así como de acciones afables y compasivas. Interesados en la metafísica y en las ciencias ocultas. Entusiastas en la expresión de sus emociones. Benevolentes y generosos, se ven siempre rodeados de amigos fieles. En el matrimonio son felices, pues demuestran comprensión y paciencia hacia su pareja e hijos.

Profesiones. Favorece las relacionadas con el arte, la literatura, la poesía o la música. Así como la carrera de actor o guionista de teatro y cine.

El ángel rebelde incita. A desarrollar malas cualidades morales y pervertir la salud con hábitos dañinos para el organismo.

Invocarlo es eficaz. Para disipar los malos pensamientos. Salir de un ciclo de sucesos negativos. Liberarse de sentimientos de culpa. Ayuda a conseguir la amistad de personas bondadosas. Impide caer en tentaciones dañinas para el cuerpo o el espíritu.

Plegaria: «No me desampares, Señor, no te apartes de mí» (Salmo 37:22).

Las personas nacidas del 15 al 19 de febrero pueden invocar la ayuda de Manakel cualquier día del año. Los nacidos en otras fechas podrán hacerlo el: 11/3; 25/5; 5/8; 14/10; 25/12. La conexión será más propicia durante su horario de regencia: de 21.41 a 22.00 horas.

67

Eyael/Transustanciación

Coro: Ángeles.

Significa: Dios delicia de hombres y niños.

Sefirot: *Yesod/Jesed*/Bondad.

Planeta: Neptuno.

Signo zodiacal: Piscis.

Color: Verde mar.

Mineral: Esmeralda.

Metal: Níquel.

Mensaje. Te aporto la esencia de la transustanciación. Es la virtud mediante la cual una sustancia puede transferir sus propiedades a otra. En la religión católica se cree que durante el sacramento de la Eucaristía el cuerpo de Jesús se transfiere al vino y al pan. También en tu naturaleza existe una sustancia pura que clama por ser liberada de sus cadenas para transferir sus cualidades luminosas a todo tu ser, a tus pensamientos, emociones y actos. Se trata de la esencia paradisíaca de la que el hombre gozaba en el Edén primigenio. Una energía celestial que le permitía reflejar la majestad del Creador y que, tras el destierro, fue encerrada en la materia grosera. Deja a un lado tus deseos y apegos materiales, pasa tiempo en soledad, deléitate en la meditación. Entonces serás testigo del milagro que permite a la luz expandirse por todo tu cuerpo y tu psique entera.

Dones. Aspecto juvenil y alma de niño. Muy influenciables por las circunstancias externas. Al igual que un camaleón, están tranquilos si el ambiente es calmo y nerviosos si no lo es. También tienen facilidad para pasar de un estado anímico a otro. Controlan los choques emocionales con ejercicios respiratorios o técnicas de meditación que les permiten observarse mejor a sí mismos y frenar sus impulsos. Pueden alcanzar éxito en su profesión si está acorde con su mundo interior. Tienen una inclinación natural hacia materias trascendentales o esotéricas como la astrología. Precisan soledad para dedicarse a sus prácticas contemplativas. Su pareja sentimental ha de compartir sus inquietudes. Son padres entregados a la educación de sus hijos, a los que también entretienen con juegos divertidos, pues ellos mismos son como niños.

Profesiones. Favorece las relacionadas con la restauración de monumentos antiguos, la arqueología. Ciencias ocultas, astrología. Física, astronomía y filosofía.

El ángel rebelde incita. A la rigidez mental y física. A los prejuicios contra otras culturas o razas.

Invocarlo es eficaz. Para obtener amparo ante las dificultades y afrontar los cambios emocionales. Inspira el entendimiento de materias trascendentales y las ciencias ocultas. Otorga longevidad.

Plegaria: «Cifra tus delicias en el Señor, y te otorgará cuanto desea tu corazón» (Salmo 36:4).

Las personas nacidas del 20 al 24 de febrero pueden invocar la ayuda de Eyael cualquier día del año. Los nacidos en otras fechas podrán hacerlo el: 12/3; 26/5; 6/8; 15/10; 26/12. La conexión será más propicia durante su horario de regencia: de 22.01 a 22.20 horas.

68

Habuiah/Salud

Coro: Ángeles.

Significa: Dios que da con libertad.

Sefirot: *Yesod/Guevurá*/Poder.

Planeta: Neptuno.

Signo zodiacal: Piscis.

Color: Blanco.

Mineral: Coral blanco.

Metal: Níquel.

Mensaje. Te aporto la esencia de la salud y la curación pronta. Tu fe moverá montañas. La fe es el anhelo de aquello que no se ha visto. La fe nos lleva a la unión con Dios, fuente curativa desde la que llega todo bálsamo sanador. Mantén la tuya intacta y te sentirás lleno de fuerza interna. Tus pensamientos estarán presididos por palabras como paz, amor, armonía... Te aceptarás tal y como eres. Y también aceptarás a los demás. Anularás con esa actitud comprensiva la negatividad allá donde surja. Integrado en perfecta armonía con la naturaleza, equilibrarás tu mente y tu cuerpo. Ayudarás a los demás a hacer lo mismo. Poseerás el secreto de la curación física y espiritual así como el de su conservación en el tiempo, que no es otro que saber vivir en el momento presente, en el efímero y a la vez eterno ahora. Serás dueño de tu destino y podrás regenerarte a ti mismo y a tus semejantes.

Dones. Atractivos y con un carisma especial, de aspecto sano y porte elegante. Los patrocinados de Habuiah aman los espacios abiertos, las playas, los bosques, las montañas. Son felices absorbiendo la luz del sol y respirando el aire puro. Incapaces de albergar pensamientos negativos, pueden llegar a ser excesivamente ingenuos, pues no conciben la maldad ni la mentira. Son aficionados a la fitoterapia y a la medicina natural. Sociables y buenos interlocutores, serán también eficaces en empleos que requieran atención al público. Si son vendedores, alcanzarán gran productividad en sus negocios. Para tener una relación sentimental duradera y dichosa precisan encontrar a alguien que comparta su amor por la naturaleza. Suelen tener mucha descendencia. Y sus hijos aprenderán desde pequeños el catecismo del buen ecologista.

Profesiones. Favorece las relacionadas con la tierra: el trabajo en granjas agrícolas, la labranza, jardinería, paisajismo. También negocios relacionados con plantas y flores. Asimismo, propicia las carreras de ingeniero agrónomo o guarda forestal.

El ángel rebelde incita. A dañar el cuerpo y la mente con sustancias nocivas para la salud. A descuidar la tierra si se es agricultor.

Invocarlo es eficaz. Para conservar la salud y una convalecencia rápida de cualquier enfermedad. Obtener fertilidad en las mujeres. También mayor productividad en una empresa. Otorga abundancia en la recolección de frutos y siembras. Protección contra los parásitos que atacan las cosechas.

Plegaria: «Alabad al Señor porque es bueno, porque es eterna su misericordia» (Salmo 105:1).

Las personas nacidas del 25 al 29 de febrero pueden invocar **la ayuda de Habuiah** cualquier día del año. Los nacidos en otras fechas podrán hacerlo el: 13/3; 27/5; 7/8; 16/10; 27/12. La conexión será más propicia durante su horario de regencia: de 22.21 a 22.40 horas.

69

Rochel/Restitución

Coro: Ángeles.

Significa: Dios que todo lo ve.

Sefirot: *Yesod/Tiferet*/Belleza.

Planeta: Neptuno.

Signo zodiacal: Piscis.

Color: Azul celeste.

Mineral: Aguamarina.

Metal: Níquel.

Mensaje. Te aporto la esencia de la restitución. Tendrás el conocimiento de lo que es tuyo material y espiritualmente y los medios para su recuperación. Recobrarás la capacidad mágica que el hombre perdió al ser expulsado del Paraíso. Vence el orgullo que ciega al ser humano y precipita su caída. Dirige humildemente una oración a la luz eterna, aquella que disipa las tinieblas. Pide que tu pecho se convierta en un templo donde la divinidad pueda manifestarse de nuevo. El diálogo que entablarás así con tu ser celestial encenderá la chispa que te alumbrará hasta hallar el camino de regreso al origen. Tu existencia será una odisea plagada de experiencias. Recabarás conocimiento y aprendizaje para volver al lugar al que perteneces. Abandonarás el estado de separación y lejanía para ir hacia el centro del universo.

Dones. Fuertes y decididos. Emprendedores activos que no se detienen ante ningún obstáculo cuando se trata de recuperar aquello que es suyo. Tendrán un sexto sentido para saber dónde están los objetos perdidos.

O para detectar a los ladrones y timadores. Muy serios y cabales, saben desde jóvenes a qué desean dedicarse. Se sienten realizados en trabajos que les permitan devolver el honor a los calumniados, el dinero a quienes han sido estafados y la dignidad a los oprimidos, o en general hacer justicia. Viajeros incansables, recorrerán el mundo para adquirir conocimiento y tolerancia en el trato con otros pueblos y culturas. A veces encuentran a su pareja en el extranjero. Pero siempre será alguien en quien puedan confiar, pues detestan las falsedades y mentiras. Enseñarán a su descendencia el elevado código de honor que ellos practican.

Profesiones. Favorece la abogacía, notaría y jurisprudencia en general. También las carreras que requieren viajar y profundizar en el conocimiento de otros pueblos, como la antropología o la diplomacia.

El ángel rebelde incita. A no tener escrúpulos en la aplicación de la ley y tergiversar sentencias causando la ruina a familias y herederos legítimos.

Invocarlo es eficaz. Para encontrar objetos perdidos o robados e identificar al ladrón. Obtener fortuna a través de legados y donaciones. Otorga éxito en la magistratura. Protege contra abogados torpes o corruptos que puedan aconsejar mal en testamentarías.

Plegaria: «Tú eres, Señor, la parte que me ha tocado en herencia y la porción destinada para mí. Tú eres el que… conservará mi heredad» (Salmo 15:5).

Las personas nacidas del 1 al 5 de marzo pueden invocar **la ayuda de Rochel** cualquier día del año. Los nacidos en otras fechas podrán hacerlo el: 14/3; 28/5; 8/8; 17/10; 28/12. La conexión será más propicia durante su horario de regencia: de 22.41 a 23.00 horas.

70

Jabamiah/Alquimia

Coro: Ángeles.
Significa: Verbo creador.
Sefirot: *Yesod/Ntezaj*/Victoria.
Planeta: Neptuno.
Signo zodiacal: Piscis.
Color: Blanco grisáceo.
Mineral: Piedra de luna.
Metal: Níquel.

Mensaje. Te aporto la esencia de la transmutación y la alquimia. Encenderás en tu interior el fuego de la unión con lo divino. Y mediante la fiebre mística depurarás tu ser de sus tendencias negativas y egoístas. Utiliza el poder de la oración y la concentración en los nombres de los genios cabalísticos. Mantén el calor de tu atanor con prácticas como el yoga, la respiración consciente, la abstención de sustancias tóxicas o la meditación antes del amanecer. Alaba al Creador al alba, cuando se oyen los primeros trinos, porque es en ese preciso instante cuando los ángeles rozan con sus alas a quienes dan la bienvenida al nuevo día. Pule tu corazón con el yunque de la autocrítica hasta convertirlo en un espejo. Entonces los velos que te separan del sentimiento de unidad caerán. Recordarás el Paraíso. Y tu alma gozará al integrarse de nuevo en la fuente de permanencia y vida de la que ha surgido.

Dones. Jabamiah, ángel de los antiguos alquimistas, otorga a sus patrocinados la virtud de purificar cuanto de corrupto hay en sus apetencias instintivas. Obtienen así el aspecto de sabios etéreos, a los que no les importan las apariencias externas pues están concentrados en su propio mundo. Su rostro, sin embargo, tiene un color saludable, pues irradia una luz especial, ya que estas personas son capaces de sacar lo mejor de sí mismas mediante el estudio y el trabajo en su propia evolución espiritual. La gente se acerca a ellos instintivamente, pues tienen el don de procurar bienestar con su sola presencia. Además de su vocación de sanar. Poseen un agudo sentido crítico que les impide aceptar cualquier propuesta espiritual si tiene visos de charlatanería. Son muy responsables y minuciosos en su labor profesional. Sus relaciones sentimentales serán muy apasionadas y su círculo familiar armonioso y unido.

Profesiones. Favorece las relacionadas con la química, la física, la investigación en laboratorio y la perfumería. También con la sanación por medios naturales: homeopatía, naturopatía o fitoterapia. Y también la filosofía o la enseñanza de materias espirituales.

El ángel rebelde incita. A la tentación de propagar doctrinas erróneas. Ateísmo. Escritos peligrosos. Disputas ideológicas.

Invocarlo es eficaz. Para restablecer la armonía perdida. Otorga poderes sobrenaturales. Regeneración moral y física. Curación de dependencias y adicciones. La recuperación de los derechos perdidos. Protección contra la tentación de propagar ideas erróneas.

Plegaria: «En el principio creó Dios el cielo y la tierra» (Génesis 1:1).

Las personas nacidas del 6 al 10 de marzo pueden invocar **la ayuda de Jabamiah** cualquier día del año. Los nacidos en otras fechas podrán hacerlo el: 15/3; 29/5; 9/8; 18/10; 29/12. La conexión será más propicia durante su horario de regencia: de 23.01 a 23.20 horas.

71

Haiaiel/Armas para el comba

Coro: Ángeles.

Significa: Dios dueño del universo.

Sefirot: *Yesod/Hod*/Gratitud.

Planeta: Neptuno.

Signo zodiacal: Piscis.

Color: Coral.

Mineral: Coral rojo.

Metal: Níquel.

Mensaje. Te aporto la esencia de las armas para el combate. Intuyes que los dragones y las bestias indomables no están en el exterior. Por ello librarás una cruzada contra tus enemigos internos. Te enfrentarás a la ambición por el poder y la riqueza, la soberbia del que cree haber llegado a la cumbre del conocimiento, el temor a la vejez y a la muerte. Tu naturaleza luminosa vendrá en tu ayuda. Saldrás victorioso de cada contienda. Una vez pacificado tu interior establecerás una alianza con el mundo exterior, un pacto de no agresión que te llevará a convertirte en adalid del perdón, la amistad y la concordia. Aceptarás con gratitud todo cuanto la vida te envíe, y cuando ya no lo tengas dejarás de pensar en ello, pues comprenderás la futilidad del apego a las cosas mundanas. Nada material te acompañará en la última y definitiva batalla. Tu mejor escudo será un corazón dispuesto y alegre libre de vínculos presto a disolverse en el océano de luz que lo aguarda.

Dones. Enérgicos, activos y de movimientos rápidos. Los patrocinados de Haiaiel siempre están dispuestos a practicar deportes extremos, a salir de viaje, embarcarse en misiones imposibles o a defender causas nobles, aunque sea a miles de kilómetros de su hogar. La profesión de militar destinado en bases extranjeras encaja a la perfección con su carácter. Afrontarán numerosas pruebas en su vida. Y superarán con éxito cada conflicto. Optimistas, divertidos, buenos estrategas, competitivos y con dotes de mando, tienen mucha suerte en todo lo que emprenden. Su pareja tendrá que aceptar su necesidad de servir a la sociedad, pues esta pasión les restará tiempo para la convivencia doméstica. No obstante, establecen unas relaciones felices.

Profesiones. Favorece las relacionadas con la carrera militar o armamentística. También la docencia, pues otorga facilidad para expresar y difundir los conocimientos.

El ángel rebelde incita. Al rencor empecinado que no perdona las ofensas y clama por venganza. A la discordia y la traición.

Invocarlo es eficaz. Para obtener defensa contra los malvados que maquinen contra nosotros. Protección frente a los enemigos y capacidad para liberarnos de quienes desean oprimirnos. Otorga victorias a los militares y éxito en sus carreras. También ayuda a conseguir la paz tras una contienda.

Plegaria: «Mi boca se deshará en acciones de gracias al Señor y cantaré sus alabanzas en medio de la multitud» (Salmo 108:30).

Las personas nacidas del 11 al 15 de marzo pueden invocar **la ayuda de Haiaiel** cualquier día del año. Los nacidos en otras fechas podrán hacerlo el: 16/3; 30/5; 10/8; 19/10; 30/12. La conexión será más propicia durante su horario de regencia: de 23.21 a 23.40 horas.

72

Mumiah/Renacimien

Coro: Ángeles.

Significa: Dios final y principio.

Sefirot: *Yesod/Yesod*/Fundamento.

Planeta: Neptuno.

Signo zodiacal: Piscis.

Color: Violeta.

Mineral: Amatista.

Metal: Níquel.

Mensaje. Te aporto la esencia del renacimiento. Cada etapa de tu camino se verá coronada por un nuevo comienzo. Resurgirás como el ave Fénix tras haber sido convertido en cenizas. Nada puede renacer sin haber muerto antes. Es tu parte oscura la que tiene que ser aniquilada para que resplandezca la luminosa. Para ello habrás de identificar y aniquilar en tu interior todo cuanto te impide avanzar hacia la tranquilidad y la armonía contigo mismo y con los demás. No te apegues a emociones turbias, a la confusión mental que agota tu fortaleza física. Regenera tu espíritu centrándote sólo en aquello que te aporta bienestar y júbilo. Aprovecha tu tiempo. No dejes pasar un día sin haber avanzado en tus metas. De ti depende perderte en la ilusión de las apariencias externas o dejar que el ayer y el mañana desaparezcan para vivir en el instante presente. En ese momento único del que brota el aroma de la felicidad y la dicha.

Dones. Mumiah es el encargado de cerrar las puertas de un ciclo y dar paso a otro nuevo. Sus patrocinados tendrán, por tanto, facilidad para aceptar los cambios. Cerrar, por ejemplo, una empresa y reorganizarla o iniciar otra. Recuperarse de pérdidas, enfermedades, rupturas y volver a empezar. Buscadores de la verdad, estudiarán antiguas tradiciones con la esperanza de hallar respuesta a sus preguntas. Poseen el don de sanar unido a la necesidad de proporcionar alivio a los más débiles. Saben llevar los proyectos a su término, por lo que destacarán como jefes de equipo. Aman estar en contacto con la naturaleza. Su vida será larga y llena de realizaciones. Muy sociables, buscan amigos sabios. Aunque un poco despistados, son, en cualquier caso, unos compañeros excelentes y apasionados para su pareja.

Profesiones. Favorece las relacionadas con la medicina, la química o la física. También las carreras de filosofía o teología. Liderazgo de equipos y recursos humanos.

El ángel rebelde incita. A no asumir los cambios. Quedar atrapado en el pasado. A ser autodestructivo.

Invocarlo es eficaz. Cuando hay que cerrar una empresa o reestructurarla. Tras el final de un ciclo, haya sido éste bueno o malo. Antes de iniciar un proyecto. Concede salud y longevidad. Otorga distinción en la medicina y procura curas maravillosas. Protege contra la magia negra y el mal de ojo. Libera de la desesperación y las tendencias suicidas.

Plegaria: «Vuelve alma mía a tu sosiego ya que el Señor te ha favorecido tanto» (Salmo 114:7).

Las personas nacidas del 16 al 20 de marzo pueden invocar **la ayuda de Mumiah** cualquier día del año. Los nacidos en otras fechas podrán hacerlo el: 17/3; 31/5; 11/8; 20/10; 31/12 al 4/1. La conexión será más propicia durante su horario de regencia: de 23.41 a 24.00 horas.

8.

Contactar con ángeles

Sentir la cercanía de los ángeles, su guía y protección, es algo que nume-
rosas personas experimentan a diario. Conectar con ellos no es difícil.
Aun en el trajín de la vida cotidiana, pronunciar conscientemente, en
silencio o en voz alta, el nombre de uno de nuestros ángeles tutelares
reiteradas veces puede transformar nuestras emociones negativas en
positivas. Las sílabas que componen el nombre de cada ángel poseen
una fuerza extraordinaria que armoniza la energía de quien lo modula.
Si respiramos profundamente mientras lo invocamos notaremos cómo
mejora nuestro estado de ánimo y recuperamos el entusiasmo por lo
que hacemos o la calma interior.

En caso de desear una conexión más profunda es necesario llevarla a cabo bajo una serie de reglas que no pueden ser ignoradas. El primer paso es elevar nuestra frecuencia vibratoria llevando una vida sana, cuidando nuestro cuerpo con una buena alimentación, libre de sustancias tóxicas, hacer ejercicio al aire libre y mantener nuestra casa en orden y pulcra, pues los ángeles detestan el caos y la suciedad. El interior también debe permanecer puro. Hemos de preservar nuestros pensamientos de toda negatividad. Y nuestras emociones de sentimientos turbios como la envidia, el rencor o la desidia. Si además nuestros actos están presididos por las buenas intenciones y maneras, entonces no tardaremos en notar la presencia angélica en nuestra vida. Se manifestará a través de numerosos detalles: coincidencias afortunadas, alegría de vivir y buen humor o facilidad para superar obstáculos con flexibilidad y tolerancia. Una vez dicho esto, hay que aclarar que, aun en el caso de que nuestras emociones o pensamientos sean confusos por estar sufriendo una crisis emocional o nuestra salud se vea disminuida por alguna afección crónica o pasajera, dependencia de sustancias nocivas o costumbres dañinas, los ángeles estarán también dispuestos a ayudarnos a salir del estado en que nos hallamos. Y lo harán con más eficacia si nosotros mismos nos dirigimos a ellos con una petición justa y acorde con nuestra misión en la vida que no interfiera con el plan divino.

A continuación vamos a exponer cómo invocar a los ángeles, cómo hacer un altar angélico, ejercicios para sanar mediante la presencia angélica, a entrar en contacto con el ángel de la guarda y siete de los arcángeles más invocados, o cómo pueden ayudar los ángeles del zodíaco. Los pasos que recomendamos han de utilizarse a modo de guía, si bien cada persona puede y debe incorporar sus propias reglas para mantener una relación personal con sus ángeles. Se trata de un diálogo íntimo que ha de desarrollarse con el tiempo y que ningún manual puede suplir con indicaciones precisas.

1. INVOCAR A LOS ÁNGELES TUTELARES

- Invocar a cada ángel en el horario de regencia al que hemos hecho referencia en cada uno de los 72 genios del horóscopo en la hora y días de su regencia por rotación. Y si se ha nacido durante los cinco días de regencia por domicilio en cualquier día y hora del año (ver tabla p. 54).

- Antes de hacerlo hay que cuidar la higiene corporal. Vendrá bien tomar una ducha. O al menos lavarse la boca y las manos. Y vestir ropa limpia.

- El lugar donde se realice la invocación ha de estar pulcro y despejado. Los ángeles no acuden a lugares desaseados. Mejor si es un rincón reservado para este fin.

- Es aconsejable, aunque no imprescindible, situar en ese lugar un altar. Una bandeja o una caja de cartón serán suficientes. Sobre ellas podremos extender una tela y poner los elementos asociados a cada ángel que utilizaremos en los rituales (ver más adelante «Cómo crear un altar angélico»), o simplemente una vela encendida durante la invocación.

- La orientación del altar y de la persona debería ser mirando al este, el lugar por donde sale el sol, que es de donde viene la luz.

- La actitud corporal ha de ser respetuosa. Sentados en el suelo con las piernas en postura de loto, ojos cerrados y manos sobre las rodillas. O sentados en una silla con la espalda recta, manos también sobre las rodillas y ojos cerrados. Quien así lo prefiera, puede sentarse en el suelo sobre los talones o ponerse de rodillas. En muchas religiones es común arrodillarse, porque en esta parte del cuerpo hay puntos energéticos que nos ayudan a conectar con el mundo espiritual.

- A continuación habría que repetir el nombre del ángel cuya ayuda se solicita, en voz alta, o mentalmente, y tres veces al menos. Después leer el salmo de la Biblia que le corresponde, descrito en cada uno de los 72 ángeles del horóscopo.

- En caso de no sentirse uno muy cómodo leyendo el salmo o haciendo las invocaciones, bastará hablar a los ángeles en nuestro propio lenguaje. Expresar, en silencio o en voz alta, una plegaria hecha por nosotros mismos. Ahora bien, conviene hacerlo en presente y con un lenguaje claro. Es mejor no decir: «No permitas que me pase nada malo», sino formular el deseo con frases positivas: «Protégeme de tal o cual cosa», «que mis problemas económicos actuales se solucionen», «que una persona afín a mí llegue a mi vida», «que mi salud mejore».

- Asimismo pueden emplearse frases positivas: «Cada día mejora mi carácter, soy más generoso, compasivo, tolerante…».

- Concentrarse durante unos minutos en la conexión con el ángel. Sentir su cercanía. Repetir la plegaria teniendo fe en que nos escucha. Meditar repitiendo el nombre del ángel mentalmente al menos durante veinte minutos.

- Por último, si se ha encendido una vela puede apagarse entonces. Y al hacerlo decir palabras como «amén», que quieren decir que «así sea», añadiendo siempre «con la ayuda de Dios».

- Se dice que los ángeles no aceptan que se les dé las gracias, pues no se sienten autores de ningún favor que nos concedan, ya que por encima de ellos está Dios. Por eso cuando les damos las gracias es para que las eleven a Dios.

CÓMO CREAR UN ALTAR ANGÉLICO

El altar es un símbolo que sirve para tomar mayor conciencia de nuestro deseo de conexión con los ángeles. A los ángeles no les importa si lo hacemos o no. De cualquier manera van a ayudarnos y guiarnos, pues es su misión. Hacer el altar es por nosotros mismos, para aumentar nuestra percepción de su cercanía.

El altar más elemental requiere un lugar limpio y despejado. Una superficie, bandeja o caja de cartón sobre la que extender una tela cuyo color variará según el ángel al que invoquemos o que puede ser siempre blanca. Y lo mismo ocurre en cuanto a los colores de los elementos que pongamos, flores, velas, frutas... Deberían ser del color asociado al ángel al que deseamos dirigirnos o, en su defecto, blancos.

El altar puede completarse con flores frescas, de tela o de plástico, velas, incienso, cestos con fruta fresca o frutos secos, imágenes de ángeles, conchas de mar, plumas blancas, campanillas o cascabeles, piedras y metales asociados al ángel, cristales, cuarzo, algún objeto personal al que tengamos afecto, como una joya, un diario en el que anotamos nuestras plegarias, sueños o encuentros con ángeles.

Asimismo, durante los días en que tengamos un altar levantado con una petición concreta, se puede ofrecer al ángel un pequeño esfuerzo de voluntad: abstenerse de comer algo que nos guste mucho, caminar más, visitar a un enfermo, hacer un favor a alguien que lo necesite, dar limosna, no hablar mal de otras personas, etcétera.

Por último, tanto si el altar se hace para obtener algo determinado, como si deseamos mantenerlo siempre para atraer la presencia angélica a nuestro hogar, conviene dejar escrito en una pequeña cartulina blanca una frase positiva como: «Mis ángeles me guían a diario y me ayudan a conseguir aquello que mejora mi vida».

Si se erige el altar para conseguir algo determinado, entonces hay que añadir un símbolo relacionado con aquello que se quiere atraer: dos corazones si es amor o reconciliación, un sol vivificador si se trata de salud, monedas si es dinero, etcétera. Sobre el altar se pueden poner también fotos de los seres queridos a los que se desea proteger o ayudar.

CÓMO MEDITAR

Meditar es una práctica que ayuda a vaciar la mente de problemas, nos coloca en el momento presente y aporta lucidez y claridad intelectual. Utilizarla para conectar con el mundo sobrenatural es muy útil y eficaz, pues calma nuestro estado anímico e intelectual y abre las puertas de la percepción extrasensorial. Hay muchas técnicas. Aquí proponemos una de las más sencillas relacionada con las prácticas yoguis.

- Hallar un rincón tranquilo.
- Se puede poner una música suave.
- El incienso es optativo, pues a algunas personas los aromas los distraen.
- Sentarse en una posición cómoda sobre una colchoneta o cojín y la espalda recta contra una pared. Poner las manos sobre las rodillas.
- Si se prefiere puede hacerse tumbado. En ese caso, apoyar la cabeza en una almohada no muy alta. Separar las piernas a la altura de las caderas con el fin de que estén relajadas y poner las manos a los costados separadas unos veinticinco centímetros del cuerpo.
- Cerrar los ojos suavemente sin apretar los párpados para no crear arrugas.
- Inspirar y espirar suavemente por la nariz, concentrándonos en ello. El aire se puede enviar al vientre y notar como éste, poco a poco, sube y baja al ritmo de la respiración.
- Podemos sentir cómo los músculos de la cara se destensan cuando llevamos los ojos paulatinamente primero hacia la derecha, luego hacia abajo, izquierda y arriba. Repetir este movimiento nos dejará el

rostro totalmente relajado, lo que ayudará a la relajación completa.

- Si nos asaltan pensamientos no hay que luchar contra ellos. Simplemente hay que dejarlos pasar como nubes que navegan por el cielo. Sin darles importancia ni concentrarnos en ellos. Convirtiéndonos sólo en testigos de cómo llegan y se van.

- Para ayudarnos, podemos imaginar en el centro de la frente una luz, la mejor es la de color blanco. E incluso inspirar el aire desde ese punto y luego observar cómo se expande por el interior del cuerpo, pulmones y vientre inundándolos de luz.

- Si nuestra imaginación ayuda, podemos representarnos mentalmente en el centro de esa luz una pequeña figura alada y pedirle con un lenguaje sencillo y positivo aquello que deseamos.

- Al finalizar, mientras seguimos respirando suavemente, hay que ver cómo la luz se va extinguiendo y alejándose. Entonces hay que dar gracias al ángel por haber acudido a nuestra llamada.

2. PERCIBIR SU AYUDA Y RESPUESTAS

Una vez realizada una petición, detectar la presencia y los consejos que nos procuran, la forma en que nos protegen o inducen a tener buenos pensamientos, decir buenas palabras o hacer mejores obras, es cuestión de práctica.

Hay que estar atentos porque sus respuestas se manifiestan de diferentes modos. A veces lo hacen de inmediato o en un tiempo prudencial. Otras no llegan de la forma que esperamos. Ello es debido a que en ocasiones nosotros mismos nos negamos inconscientemente a recibir su ayuda ya que preferimos seguir aferrados a nuestro sufrimiento y dolor. O aquello que conviene hacer no responde a nuestros deseos y propósitos. En cambio, si permanecemos receptivos y dispuestos a ser flexibles, sentiremos que nuestra petición ha sido escuchada y habrá que aceptar con reverencia aquello que nos envían además de dar las gracias mediante otra sencilla oración.

Los ángeles pueden enviar sus mensajes a través de los sueños, sobre todo en aquellos que se producen justo antes de despertar. Por ello es muy útil llevar un diario de aquellos sueños que recordamos y más nos han impactado. Con el tiempo se revelarán los mensajes angélicos. Otras veces tratan de hacerse oír en nuestro interior mientras estamos en estado de meditación, en silencio o contemplando y admirando la naturaleza. En ocasiones su voz llega hasta nosotros a través de las voces de otros, de conversaciones oídas al azar, o de frases leídas en un libro que parecen estar destinadas a resolver nuestras inquietudes.

ESCRIBIR A LOS ÁNGELES

Asimismo es posible conversar con ellos y canalizar su guía mediante la escritura automática.

Se precisará un cuaderno y un bolígrafo. A continuación hay que ponerse cómodo y relajarse mediante unas respiraciones profundas. Aquietar la mente. Y después invocar al ángel tutelar y añadir: «¡Ángel que me custodias, abre un canal de comunicación entre nosotros!». Acto seguido hay que dejar que la mano comience a anotar sobre el papel todo aquello en que se piensa de forma espontánea. Si se siente un cosquilleo en los dedos es señal inequívoca de que el ángel está dando una respuesta a nuestras inquietudes. Si la mano se para o no acuden a la mente las palabras, finalizar la sesión y dar gracias al ángel. Dejar las hojas escritas sobre el altar angélico y leerlas al día siguiente. Entre líneas hallaremos una respuesta clara a nuestra pregunta.

Cualquier situación emocional negativa puede diluirse escribiendo a los ángeles tutelares. Cada vez que nos sintamos heridos o la ira nuble nuestra claridad mental y nuestros sentimientos, es mejor no insistir en obtener una reparación o quejarnos a todo el mundo del dolor que nos ha sido infligido.

Es más positivo escribir los nombres de nuestros ángeles tutelares en una hoja de papel y solicitarles su ayuda. A renglón seguido, expresar sobre el papel las emociones y preocupaciones que nos ha causado el comportamiento ajeno sin guardarnos nada. Al finalizar la carta es aconsejable escribir: «Deseo ahora abandonar todo mi sufrimiento en relación con esta situación o persona». Mejor no leer lo escrito y quemar las hojas de papel. Este acto ejerce un efecto purificador en el estado de ánimo y ayuda a que las emociones negativas no se consoliden, además de mejorar la salud mental y física. Para terminar se puede visualizar a la persona que nos ha hecho daño rodeada de una luz violeta y sentir que se la perdona.

SIGNOS QUE ANUNCIAN SU CERCANÍA

La presencia angélica se nota primero en el interior de cada uno.

- Disfrutaremos de un estado de felicidad y alegría que nos induce a ver el lado más positivo de cada persona y a perdonar de inmediato cualquier ofensa.
- Gozaremos de más vitalidad y de una sensación profunda de paz.
- Emociones como la ira, la cólera o el enfado se diluirán con más facilidad y no nos anclaremos en ellas.
- Su presencia en nuestra vida se notará también en que no sentiremos deseos de emplear nuestro tiempo en ocios inútiles o que malgastan nuestra energía. Huiremos de ambientes frívolos y personas tóxicas, negativas, que calumnian o critican a otros.

- Nos invadirán deseos de estar más en contacto con la naturaleza, elevarnos espiritualmente, informarnos sobre los ángeles o realizar ejercicios de meditación.

En cuanto a los signos exteriores, pueden ser de diferente índole:

- Las coincidencias afortunadas comenzarán a producirse haciendo nuestra vida más feliz.
- Se producirán soluciones «milagrosas» de situaciones difíciles.
- Mientras se medita o se está en silencio se puede sentir su presencia como una energía que invade la habitación, una brisa que nos envuelve, la sensación de estar en un jardín.
- También se puede notar mientras se los invoca una suave presión en las manos, hombros o nuca.
- Ver luces de colores que aparecen incluso con los ojos cerrados.
- Al mirar al cielo ver nubes con formas extrañas, alas de ángel o plumas.
- Hallar al pasear por el campo o la playa plumas blancas inmaculadas.
- Al caminar por la calle encontrar por azar un objeto que previamente hemos decidido considerar como un anuncio de la presencia angélica: un cristal de colores, un botón, una moneda...
- Encontrar imágenes de ángeles en un libro, verlas en un escaparate o en cualquier otro lugar.
- Oír a otras personas hablando de ángeles o escuchar una canción que menciona la palabra «ángel».
- Las flores frescas puestas en jarrones en la casa tardan mucho en marchitarse.
- Soñar con piedras semipreciosas o cristales de cuarzo.

3. AUMENTAR LA CONEXIÓN MEDIANTE EL CONTACTO CON LA NATURALEZA

LOS AGENTES DE LOS CUATRO ELEMENTOS

Los ángeles se manifiestan continuamente a través de la naturaleza. Entrar en contacto con ella ampliará la percepción de los seres angélicos.

Los cuatro elementos –tierra, agua, aire y fuego–, tienen diversos agentes a través de los cuales la conexión con los seres celestiales se produce con más rapidez y facilidad procurándonos curación, vitalidad, dotes psíquicas, crecimiento espiritual, protección contra lo negativo, fortaleza y sentimientos de compasión o generosidad hacia el prójimo.

- **Tierra. Sus agentes son:** arena, cristales de cuarzo, flores, plantas y árboles. Se pueden tener jarrones con flores frescas en la casa. Apoyar la espalda contra el tronco de un árbol. Regar las plantas con solicitud. Sujetar un cristal de cuarzo entre las manos. Caminar descalzos por la arena. La esencia de la tierra devuelve el bienestar físico.

- **Agua. Sus agentes son:** cascadas, ríos, mar, lagos, nubes, una copa de agua. Es aconsejable meditar contemplando en silencio cualquier superficie con agua en movimiento mientras se respira suavemente y se nota cómo se vacía la mente. La esencia del agua abre la percepción y aumenta la intuición para saber qué caminos tomar en la vida.

- **Aire. Sus agentes son:** pájaros de todas clases, turmalinas, piedras preciosas y cristales de cuarzo. Sentarse al atardecer con la piedra de nuestro ángel entre las manos o sobre el corazón. Hacerlo si es posible en un parque o en plena naturaleza. Escuchar el canto de los pájaros y observar su vuelo. La esencia del aire nos vuelve más compasivos.

- **Fuego. Sus agentes son:** volcanes, hogueras, chimeneas, llamas de velas. En el interior de una habitación a oscuras contemplar el fuego de una chimenea o la llama de una vela. Hacerlo en silencio. La esencia enciende la luz interior, purifica y destruye lo inservible y contribuye a la regeneración física y espiritual.

MEDITACIÓN ESTELAR

Las estrellas y su luz también nos conectan con rapidez con la energía angelical. La radiación luminosa que desprenden por la noche puede penetrar en nuestro corazón abriendo las puertas de la propia percepción y otorgándonos un entendimiento superior del sentido de la vida y la creación.

- Practicar en una noche estrellada y al aire libre.
- Vestir ropa cómoda y holgada. Tenderse de espaldas sobre una colchoneta en el suelo.
- Poner la mano derecha sobre la izquierda del cuerpo a la altura del corazón.
- Hacer diez respiraciones profundas. Inhalar y exhalar muy lentamente.
- Notar el cuerpo relajado. Separar las puntas de los pies y mantener las rodillas sin tensión.
- Mirar hacia el cielo. Contemplar las estrellas resplandeciendo más a cada instante.
- Invocar los nombres de los ángeles tutelares propios.
- Visualizar la luz de las estrellas entrando por la parte superior de la cabeza y distribuyéndose por todo el cuerpo hasta llegar a la punta de los dedos.
- Sentir que todo tu cuerpo irradia luz.

- Permanecer en quietud total durante diez minutos.
- Ser consciente de la respiración. Inspirar y espirar el aire suavemente por la nariz. Luego mover los dedos de manos y pies lentamente.
- Este ejercicio también puede hacerse en el interior de una habitación. Con los ojos cerrados visualizar las estrellas y su luz y seguir los pasos anteriores. Escuchar alguna música relajante si con ella se facilita la concentración.

TALISMÁN ANGÉLICO PARA CADA UNO DE LOS DOCE SIGNOS DEL ZODÍACO

Según su signo del zodíaco, cada persona tiene asignado un ángel o arcángel que lo ayuda y le inspira unas cualidades más que otras. Conocer su nombre nos permite conectar con él repitiendo su nombre 72 veces al día. También se puede escribir el nombre en un papel 72 veces y debajo, una frase invocando su protección. Hay que doblar el papel y envolverlo en un material resistente. Luego puede llevarse este talismán cerca del cuerpo para que aleje la negatividad.

Aries - Camael. Confiere fortaleza y confianza ante cualquier dificultad.

Tauro - Haniel. Inspira ser práctico, emprendedor y muy honesto con los demás y con uno mismo.

Géminis - Rafael. Otorga facilidad para adaptarse con rapidez a los cambios.

Cáncer - Gabriel. Concede gran sensibilidad artística, optimismo y alegría.

Leo - Mikael. Confiere carácter benevolente y generoso. Extroversión y capacidad para escuchar a otros.

Virgo - Hagiel. Inclina a valorar la belleza. Otorga intelecto eficiente y analítico.

Libra - Barbiel. Permite desarrollar la astucia y la objetividad, muy útiles en la toma de decisiones.

Escorpio - Azrael. Otorga un carácter pacífico y una mente profunda y poderosa.

Sagitario - Zadkiel. Confiere optimismo para aprender a transmutar la negatividad y purificar el alma.

Capricornio - Cassiel. Dota a sus patrocinados de un carácter reflexivo, cuidadoso y responsable.

Acuario - Uriel. Protector de astrólogos y magos. Concede un carácter idealista y humanitario.

Piscis - Azariel. Confiere pasión y expresión artística de las emociones. Carácter jovial y clarividencia.

4. LA CUSTODIA DEL ÁNGEL DE LA GUARDA

En nuestra infancia aprendemos que tenemos un ángel guardián que siempre nos acompaña y al que podemos encomendarnos en los momentos difíciles. Luego, al crecer, solemos olvidarnos de su protección y cercanía. Para volver a aceptar que su energía está con nosotros hay que visualizarlo a nuestro lado, con una gran estatura que cubra nuestro cuerpo a modo de guardaespaldas.

Para reforzar la invocación que solicita su amparo podríamos repetir mentalmente la oración que suele enseñarse a los niños: «Ángel de la guarda, dulce compañía, no me abandones ni de noche ni de día».

Podemos pedirle:

- Que nos cubra con sus alas para pasar desapercibidos en un lugar extraño.
- Que allane nuestro camino cuando nos encontremos ante negociaciones difíciles.
- Que se interponga entre nosotros y cualquiera que desee atacarnos o agredirnos.

- Que mantenga alejada de nuestra vida la enfermedad, la cólera, la envidia, etcétera.

DESPLEGAR NUESTRAS PROPIAS ALAS

El ángel guardián puede ayudarnos a desplegar nuestras propias alas con las que sentirnos más protegidos durante el día y la noche, y obtener así una sensación de bienestar físico y psíquico continuo. Para conseguirlo, sólo es preciso realizar, al levantarnos o acostarnos, el siguiente ejercicio:

- Con los pies descalzos, levantar los brazos hacia arriba, por encima de la cabeza, hasta que los dorsos de ambas manos se toquen.
- Al hacerlo, respirar profundamente y sentir que un rayo de luz entra por la coronilla desde el cielo y llega hasta los pies conectándonos con la tierra.
- Continuar respirando, ahora más pausadamente, mientras se estiran los dedos de la mano hacia arriba todo cuanto se pueda. Notar cómo el ángel de la guarda nos toca con la punta de sus alas. Es posible en esos momentos sentir una corriente de energía que invade el corazón de felicidad.
- Bajar los brazos lentamente hasta los costados y volverlos a subir. Hacerlo despacio mientras se visualiza cómo las propias «alas» emergen desde los omoplatos.
- Algunas personas perciben tener alas de plumas blancas, otras las visualizan de luz.
- Mueve los brazos de arriba abajo mientras percibes que tus alas siguen el mismo movimiento. Recréate en este gesto tantas veces como quieras. Disfruta con él.
- Pide a tu ángel guardián que bendiga tus alas para que te protejan.

LOS ÁRCANGELES DE LOS CUATRO PUNTOS CARDINALES

Cada uno de los arcángeles mayores tiene como misión proteger la energía que procede de los distintos puntos cardinales. Para invocar su guía en nuestra vida hay que trazar en el suelo de una habitación, o también en el exterior, un círculo imaginario. Se puede utilizar para ello un cristal de cuarzo o una pluma blanca. Y luego, girando hacia la derecha, repetir en el siguiente orden:

- Hacia el este: Amado arcángel Uriel, bendíceme con tu luz para alcanzar la claridad e iluminación necesarias para resolver mis problemas.
- Hacia el sur: Amado arcángel Miguel, envuélveme con tu fuerza para afrontar y superar mis miedos.
- Hacia el oeste: Amado arcángel Rafael, lléname de salud para evitar la enfermedad.
- Hacia el norte: Amado arcángel Gabriel, ayúdame a comprender cuál es mi misión en la vida.

---

5. SOLICITAR AYUDA DE LOS SIETE ARCÁNGELES

Este grupo de seres celestiales forman parte de la tercera jerarquía de ángeles y son los encargados de elevar hacia Dios nuestras súplicas. Meditar en los colores asociados a cada uno de ellos es muy eficaz para que sus características y ayuda se derramen sobre nosotros. Se puede proceder del siguiente modo:

- Elegir el arcángel cuya misión está asociada a la petición a realizar.
- Hacer la invocación en el día de la semana regido por dicho arcángel.
- Vestir con ropa limpia, a ser posible blanca o del color del arcángel.
- Encender una vela cuyo color sea compatible con el arcángel en particular o su coro en general. En este caso, el coro de arcángeles.
- Sentados en un lugar silencioso, respirar despacio, con los ojos cerrados, mientras repetimos el nombre del arcángel en voz baja o mentalmente y visualizamos su color asociado.
- Tomar el aire por la nariz y enviarlo hacia el centro de nuestra frente,

donde la tradición oriental sitúa el tercer ojo. Al espirar dirigimos el aire hacia nuestro corazón.

- Con cada respiración, y sobre todo al repetir el nombre del ángel mentalmente, podemos visualizar cómo el rayo de luz cromático asociado a la entidad penetra por nuestra nariz y recorre nuestro cuerpo. Al espirar lo visualizamos también llevándose toda negatividad. Es importante que nos concentremos en el color en particular.

- Si se desea, se puede escuchar música clásica o instrumental que sea armoniosa.

- También ayuda el tener una imagen de cada arcángel frente a nosotros, visualizarlos tal y como nos han sido descritos por las tradiciones religiosas o por los santos y visionarios.

1. Arcángel Miguel: Se le representa con escudo, espada y armadura. **Otorga:** comunicación fácil a todos los niveles. Equilibrio en la forma de hablar. Protección contra enemigos y calumniadores. Sabiduría y paciencia. **Día:** domingo. **Color anaranjado:** aporta revitalización, estimula el sistema respiratorio, aumenta el optimismo y es un tónico sexual.

2. Arcángel Gabriel: Mensajero de Dios por excelencia, es el encargado de dar las noticias celestiales y por eso se le representa con una trompeta. **Otorga:** creatividad y disolución de dudas y temores. Facilidad de palabra, protección en los partos, reconciliación entre las parejas. **Día:** lunes. **Color violeta:** estimula el apetito y la intuición. Aleja obsesiones y favorece el sueño.

3. Arcángel Camael: Es el heraldo del amor a Dios y suele representárselo con una paloma saliendo de sus manos o bien con una copa de oro. **Otorga:** armonía y serenidad, aleja los sentimientos de tristeza o ansiedad. Protege contra la envidia. **Día:** martes. **Color rojo:** fortalece el ánimo y el psiquismo para afrontar las pruebas cotidianas.

4. Arcángel Rafael: Relacionado con la sanación y la medicina, se le representa con báculo y un pez. **Otorga:** armonía en el hogar. Vitalidad. Curación en caso de enfermedad. Tranquilidad en momentos de inquietud. **Día:** miércoles. **Color verde:** aporta salud, calma y combate el insomnio.

5. Arcángel Zadkiel: Su misión es la evolución del alma humana. Se le representa con la Custodia Eucarística como símbolo de liberación. **Otorga:** reconciliación con uno mismo y paz en el corazón, disipa sentimientos de culpabilidad, y orientación para progresar espiritualmente. **Día:** jueves. **Color azul:** fomenta la tranquilidad y apertura mental y aumenta la capacidad de adaptación y flexibilidad.

6. Arcángel Uriel: Su nombre significa «fuego» y fue el encargado de expulsar a Adán y Eva del Paraíso. La tradición lo representa con una espada o una antorcha encendidas. **Otorga:** devoción espiritual a través del servicio a los demás. Discernimiento para realizar buenos negocios. Paciencia y calma ante el peligro o las dificultades. Ayuda a realizar tareas poco agradables. **Día:** viernes. **Color amarillo:** estimula el intelecto y ayuda a recobrar el optimismo tras un período triste o una prueba intelectual.

7. Arcángel Jofiel: Es representado iluminado por un rayo divino. **Otorga:** confianza en uno mismo. Claridad mental, estabilidad emocional y espiritual. Disipa el cansancio psicológico y las dudas. **Día:** sábado. **Color plateado:** fomenta un estado de ánimo sereno, potencia la concentración y aumenta la intuición.

FRAGANCIAS E INCIENSO PARA CADA CORO CELESTIAL

Cada coro de la Jerarquía Celestial tiene un aroma o incienso con el que armoniza más. Utilizarlos en los rituales nos hará sintonizar más fácilmente con el ángel al que nos dirigimos.

Los aceites esenciales son herramientas muy poderosas para atraer la ayuda de los ángeles tutelares. El perfume nos comunica a través del sentido del olfato a un nivel profundamente instintivo con vibraciones muy sutiles. Se puede perfumar la ropa de cama, el baño o toda la casa mediante un difusor o quemador, así como aplicar con discreción unas gotas sobre la propia piel.

Cada aroma tiene el poder de aliviar problemas específicos o atraer determinadas virtudes mediante la intercesión del regente de cada coro en particular. El incienso, por su parte, ha sido utilizado desde hace siglos por las más diversas culturas y sigue siendo parte esencial en las ceremonias litúrgicas, pues se le atribuye el elevar las plegarias al mundo invisible y crear a nuestro alrededor un halo de protección. Los aromas esenciales pueden hallarse también en forma de incienso.

1. Ciprés o cedro. **Serafines/Metratón**. Ayuda para cambiar de vida.

2. Vainilla y canela. **Querubines/Jofiel**. Atraer suerte y amor. Aliviar la depresión y potenciar la claridad mental o la memoria.

3. Lavanda o violeta. **Tronos/Zaphkiel**. Reflexión y despertar de la intuición.

4. Benjuí o camomila. **Dominaciones/Zadkiel**. Combatir insomnio y atraer sabiduría espiritual.

5. Cardamomo o comino. **Potestades/Camael**. Incrementar la sensualidad en la pareja.

6. Romero o eucalipto. **Virtudes/Mikael**. Disipar la negatividad y lograr protección y fortaleza.

7. Naranja o mandarina. **Principados/Haniel**. Sanar y fortalecer relaciones. Reconciliación.

8. Sándalo o incienso. **Arcángeles/ Rafael**. Curación y rejuvenecimiento. Protección contra la negatividad.

9. Mirra, limón o flor de tila. **Ángeles/Gabriel**. Obtener sueños espirituales y guía angélica

Coro	Aroma	Arcángel	Color
Serafines	Cedro	Metratón	Dorado
Querubines	Canela	Jofiel	Plateado
Tronos	Lavanda	Zafkiel	Índigo
Dominaciones	Benjuí	Zadkiel	Azul
Potestades	Cardamomo	Camael	Rojo

Coro	Aroma	Arcángel	Color
Virtudes	Romero	Mikael	Naranja
Principados	Mandarina	Haniel	Amarillo
Arcángeles	Sándalo	Rafael	Verde
Ángeles	Mirra	Gabriel	Violeta

6. SANACIÓN ANGÉLICA

Sintonizar con los ángeles puede traer a nuestras vidas la vitalidad y salud que necesitamos. Aparte de equilibrarnos física, emocional y mentalmente. Este ejercicio se puede realizar para sanar uno mismo o sanar a otras personas.

- No ingerir comidas pesadas antes de practicar esta sanación. Sí se puede tomar un vaso de agua antes y después de la sesión.
- Vestir con ropa cómoda, de tejidos naturales y colores claros a ser posible. No llevar encima ningún objeto metálico, joyas, llaves o monedas.
- Lavarse las manos con agua fría antes y después de cada sesión para eliminar energías que puedan quedar prendidas en ellas.
- Tumbarse sobre una colchoneta, tapados con una manta ligera si se tiene frío. Realizar diez respiraciones profundas para relajarnos y hacer que desaparezca toda tensión. No cruzar los pies ni las manos para no impedir la llegada de la energía angélica.
- Antes de comenzar pedir protección a nuestros ángeles tutelares y visualizar cómo el arcángel Miguel corta con su espada cualquier atadura que bloquee nuestra energía manteniéndonos aferrados a la negatividad emocional.
- A continuación, durante al menos diez minutos, repetir mentalmente el nombre del arcángel Rafael y sentir su rayo verde expandiéndose por nuestro organismo.

- Si hemos elegido a otro ángel de los 72 porque su ayuda es específica para aquello que necesitamos sanar, entonces hay que visualizar el color asociado a este ángel y repetir su nombre.

- Al inspirar enviamos el nombre del ángel hacia el centro de la frente. Al espirar lo repetimos y lo conducimos mentalmente hacia el corazón.

- Sentir cómo el color asociado al ángel elegido se extiende por nuestros órganos vitales y los llena de energía curativa trayendo a ellos su bondad y su luz.

- Finalizar el ejercicio pidiendo al ángel que nos envuelva en su manto de luz y sane las heridas.

- Se vuelve a la respiración normal y se da gracias a los ángeles por su intervención.

CURAR EL PLANETA CON EL RAYO VERDE DEL ARCÁNGEL RAFAEL

Este arcángel cuida del planeta armonizando las fuerzas de la naturaleza e impidiendo que la forma en que abusamos de los recursos no permita entrar en caos al ecosistema.

A nivel individual nos ayuda a curar de cualquier dolencia sea física o psíquica y protege a los niños y a los peregrinos.

En los días de regencia del arcángel Rafael, o en cualquier miércoles del año, se puede practicar el siguiente ejercicio para atraer su energía curativa sobre todos los seres del planeta.

- Al amanecer tomar una ducha completa y vestirse con ropa limpia de color verde, o al menos poner en el cuello un pañuelo con esa tonalidad.

- Encender una vela de color verde.

- Sentarse en el suelo en posición de loto. O en una silla con las manos sobre las rodillas y los ojos cerrados.

- Inspirar y espirar por la nariz profunda y suavemente.

- Repetir, en silencio o en voz alta, al menos tres veces el nombre de Rafael y pedirle su ayuda.
- Continuar respirando mientras se visualiza el rayo verde de este ángel restaurando nuestra vitalidad y disipando cualquier emoción o pensamiento negativo.
- Repetir el nombre despacio al menos durante noventa respiraciones mientras se sigue visualizando el rayo verde.
- Al finalizar, permanecer en silencio notando cómo el color verde nos rodea y se convierte en un escudo protector.
- Enviar mentalmente este tono verde a todos los seres vivos del planeta y pedir para que la protección se extienda a todos ellos.
- Finaliza el ejercicio dando gracias.
- Repetir siempre que se desee, pero sobre todo los miércoles.

LIMPIAR LOS *CHAKRAS* CON UN PÉNDULO DE CUARZO

Según la tradición hindú, tenemos en nuestro cuerpo siete vórtices o puntos muy sensibles conocidos como *chakras*, que reciben, almacenan y distribuyen energía en todo nuestro cuerpo. Los ángeles pueden auxiliar en la purificación y limpieza de estos puntos mediante un sencillo ejercicio que requiere un péndulo y la vocalización de unas letras en voz alta.

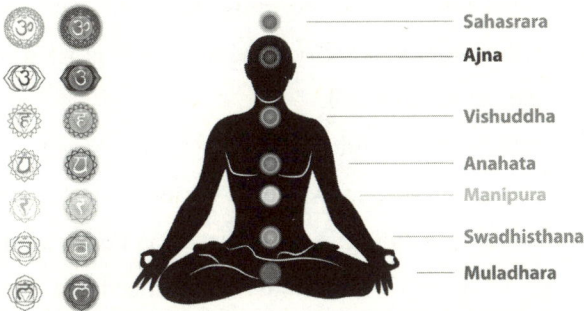

Sahasrara
Ajna
Vishuddha
Anahata
Manipura
Swadhisthana
Muladhara

- Invocar en primer lugar al arcángel Rafael, cuyo color es el verde. Visualizar un rayo de luz de esta tonalidad extendiéndose por el cuerpo –el propio o el de la persona sobre la que practiquemos el ejercicio– y pasar el péndulo en el orden siguiente:

1. *Chakra* base o *Muladhara*, situado en el perineo, encargado de nuestra salud y estado físico en general, que está a cargo de Camael.

2. *Chakra* sacro o *Svahisthana*, situado en el hueso sacro, relacionado con la emoción y regido por Gabriel.

3. *Chakra* del plexo solar o *Manipura*, relacionado con el poder de decisión y el intelecto, regido por el arcángel Zarquiel.

4. *Chakra* cardíaco o *Anahata*, situado en el corazón y relacionado con la compasión y el amor. Su regente es el arcángel Uriel.

5. *Chakra* de la garganta o *Vishuddha*, se relaciona con el lenguaje y la expresión. Regido por el arcángel Cassiel.

6. *Chakra* tercer ojo o *Ajna*, situado en el centro de la frente, se asocia con la intuición y la percepción extrasensorial. Está regido por Miguel.

7. *Chakra* corona o *Sahasrara*, situado en lo alto del cráneo, permite establecer la conexión con los mundos sobrenaturales y su regente es el arcángel Jofiel.

- Cuando la energía está bloqueada en alguno de estos puntos, el péndulo oscila en vaivén o en dirección contraria a las agujas del reloj. Hay que dejarlo sobre ese punto unos minutos mientras se visualiza la luz verde de Rafael y se invoca mentalmente el nombre del ángel que rige el *chakra* en cuestión.

- Tras haber pasado el péndulo por todos los *chakras* hay que repetir el ejercicio empezando de nuevo, esta vez desde la coronilla, y comprobar si ahora el péndulo gira en la dirección de las agujas del reloj. Si lo hace, significa que la energía de ese vórtice ha sido restablecida.

Si no es así, se puede continuar con la sesión otro día hasta lograr que el péndulo gire correctamente en cada punto.

7. CINCO EJEMPLOS DE RITUALES PARA SOLICITAR UNA AYUDA ESPECÍFICA

La utilización de símbolos y realización de rituales es algo que el ser humano lleva haciendo desde la prehistoria. Cada uno de los 72 ángeles del horóscopo tiene poder para ayudarnos a resolver problemas concretos o conseguir cosas determinadas. El levantar un altar y llevar a cabo una pequeña ceremonia en la que incluyamos ciertos simbolismos hará que nos sintonicemos mejor con su energía y nos acordemos de hacerles las invocaciones precisas.

Una vez finalizado el ritual, el material utilizado en él y que no vayamos a usar para otras ceremonias posteriores se puede recoger en una bolsa y desprendernos de él.

Es necesario tener en cuenta algunas advertencias:

- Conviene no hacer rituales inmediatamente después de una comida.
- Llevarlos a cabo siempre en un lugar limpio y a ser posible vestidos con ropa aseada. Si únicamente la utilizamos para ello, mejor todavía.
- Leer atentamente antes de proceder con el ritual la primera parte de este capítulo: el apartado «Invocar a los ángeles tutelares».
- No es preciso ponerse de rodillas. Basta con estar de pie.
- Mejor hacer los rituales a solas.

Para practicar el ritual en el tiempo correcto, consultar los días y horarios de regencia de los ángeles a los que se pide ayuda (ver tabla p. 54). Las personas que los tienen como ángeles físicos pueden invocarlos cualquier día del año.

1. RECUPERAR ESTABILIDAD ECONÓMICA

Aumentar las ventas en el negocio: Menadel (36)

- En los días de regencia de Menadel extender sobre el altar una tela color azul marino.
- Poner turquesas o piedras de este color.
- Objetos que contengan mercurio, como pilas botón o bombillas.
- Añadir imágenes de ángeles, si es posible vestidos de azul.
- Leer el salmo asignado a Menadel.
- Tomar tres monedas plateadas a ser posible con agujero en el centro, y si no se encuentran, utilizar entonces tres argollas metálicas como las que se usan para colgar cortinas. Pasar una cinta azul marino por las argollas o monedas y hacer tres nudos atándolas. Mientras se hacen los nudos, pronunciar la invocación al ángel: «Menadel, atrae más ventas al negocio de tal persona...».
- Dejar el altar durante siete días y proceder a la hora de regencia de este ángel, de 11.41 a 12.00 horas del mediodía. Encender cada día un incienso de canela que dejaremos arder hasta que se consuma y una vela azul oscuro que apagaremos tras finalizar los veinte minutos. A excepción del último día, que la dejaremos arder hasta que se consuma.
- Reservar la cera sobrante de las velas.
- Poner la cera de las velas y las monedas en un sobre y guardarlo todo en la caja registradora o lugar donde se guarde el dinero del negocio para que actúe como un talismán.

Encontrar empleo: Omael (30)

- En los días de regencia de Omael extender sobre el altar una tela de color magenta o rosa fuerte.

- Poner una geoda de amatista o de color rosa.
- Objetos dorados o de oro.
- Se pueden poner también espigas secas o flores amarillas.
- Vela de miel.
- Cortar una tira de diez centímetros de ancho de una cartulina amarilla y escribir con un rotulador rosa el nombre de la persona que necesita hallar trabajo o ser promocionada en el que ya tiene.
- En el reverso escribir la invocación: «Ángel Omael, intercede para que tal persona encuentre trabajo».
- Enrollar la cartulina con la invocación hacia dentro alrededor de la base de la vela y sujetarla a ella con un lazo rosa o magenta.
- Encender la vela y dejar que se consuma. El objetivo es que la cera caiga sobre la cartulina y se haga una amalgama.
- Dejar los restos de la vela y la cartulina en el altar hasta conseguir que la petición sea concedida.

2. MEJORAR LA SALUD
Buena salud en general: Sealiah (45)

- En uno de los días regidos por Sealiah o en su horario de regencia, de 14.41 a 15.00 horas, extender una tela de color azul claro sobre una mesa.
- Poner un ramo con once claveles blancos.
- Añadir objetos hechos con acero, como una cucharilla de café.
- Y una turmalina de color como el lapislázuli.
- Leer el salmo asignado a Sealiah.
- Encender un incienso de romero y una vela azul claro.
- En una banda de diez centímetros de una cartulina azul escribir con un rotulador verde por un lado el nombre del ángel y por el otro, la petición.

- Confeccionar un saquito de tela con este color y poner dentro de él la cartulina enrollada, un lapislázuli y una ramita de romero. Dejarlo todo sobre el altar durante los veintiocho días de una fase lunar. Encender cada día la vela en el horario de regencia.
- El día veintiocho, en el horario de regencia, encender de nuevo la vela, pero esta vez dejarla arder durante veinte minutos. Guardar la cera restante en el saquito y ponerlo cerca de la cabecera de la cama.
- Dar las gracias a Sealiah por cuidar de nosotros.
- El lapislázuli que había sobre el altar puede ponerse a partir de entonces en contacto con la piel para que ejerza su influencia benigna sobre el organismo.

Combatir la ansiedad y el desasosiego: Rehael (39)

- En el horario de regencia de Rehael, de 14.41 a 15.00 horas, el día en que comienza la fase de luna nueva, extender una tela de color azul claro sobre una mesa.
- Extender sobre el altar una tela de color lila.
- Poner objetos de cobre y joyas con amatistas o un cuarzo de color violeta.
- Añadir una vela morada y otra blanca.
- Incienso de cardamomo.
- Flores de tonalidades lilas como el narciso o las violetas. Pueden ser también flores secas o de tela.
- Incluir en el altar un objeto personal: una cinta del pelo, un anillo o un pañuelo.
- Tener preparado también un saquito de color morado.
- Leer el salmo del ángel. Invocar su nombre. Encender el incienso y las velas. Cerrar los ojos y visualizar durante al menos diez minutos a la

persona o a uno mismo en estado de felicidad y sanación. Y al mismo tiempo repetir mentalmente la petición que deseamos obtener, por ejemplo: «Rehael, ayúdame a recuperar la armonía y la paz interior».

- Introducir en el saquito el objeto personal y unos granos de cardamomo.
- Apagar la vela y dar gracias a Rehael.
- Repetir durante los siete días de esta fase lunar.
- El último día se dejan arder las dos velas y el resto de cera se introduce en el saquito junto con el objeto personal y la turmalina o cuarzo de color lila. Se puede llevar en el bolso a modo de talismán para atraer sanación.

3. VIDA ARMONIOSA Y CON AMOR

Atraer una persona afín: Umabel (61)

- En los días de regencia de Umabel o en su horario, de 20.01 a 20.20 horas.
- Extender una tela plateada o blanca sobre la superficie del altar.
- Incluir en el altar flores blancas en número impar.
- Objetos plateados.
- La turmalina llamada celestita o piedras de color azul claro.
- Tomar una cinta de color verde (color de Venus, planeta del amor) y otra azul claro. Con un rotulador azul escribir en una el nombre propio y en la otra las iniciales A.G. (Alma Gemela) o el nombre de la persona con quien compartimos el mismo sentimiento para que el amor se vea fortalecido. Nunca hay que escribir el nombre de alguien a quien no atraemos. Atar las dos cintas con ocho nudos (el ocho es símbolo del amor infinito). Y luego enrollarlas alrededor de la base de una vela de miel.

- Escribir en una tira de cartulina azul con un rotulador verde el nombre de Umabel por un lado y por el otro, la petición. Dejar la cartulina sobre el altar.
- Leer el salmo correspondiente a Umabel.
- Encender un incienso de sándalo y la vela de miel durante los veinte minutos diarios de regencia de este ángel. Mientras arde, visualizar la llegada de alguien afín a nuestras vidas.
- Repetir el ritual durante ocho días. El último, dejar que la vela se consuma hasta llegar a las cintas.
- En una caja de color azul guardar el resto de la vela, las cintas y la cartulina con la petición.
- Guardar la caja en un lugar seguro hasta que el deseo se vea cumplido.

Contra las penas de amor: Aniel (37)

- En los días de regencia de Aniel o en su horario, de 12.01 a 12.20 horas.
- Extender una tela tornasolada sobre la superficie del altar.
- En un jarrón de cobre o de cristal poner flores de diversos colores en número impar.
- Turmalinas de varios colores.
- Objetos de cobre.
- Escribir en una cartulina blanca el deseo de liberarnos de las penas de amor producidas por una relación determinada. La plegaria, dirigida a Aniel, puede ser tan extensa como se desee.
- Encender incienso de benjuí y cinco velas de diferentes colores entre las que se incluya una blanca.
- Durante los veinte minutos de regencia invocar el nombre de Aniel pidiéndole que nos libere de la negatividad, el rencor o las emociones

turbias que la relación ha dejado en nosotros. Y que nos ayude a superar el estado de ánimo en que nos hallamos.

- Apagar las velas al finalizar los veinte minutos de meditación y dar las gracias a Aniel.
- Repetir el ritual durante cinco días a la misma hora.
- El último día dejar que las velas se consuman hasta el final.
- Romper la cartulina en añicos y guardar los trozos junto con el resto de las cinco velas en un sobre. Ir a una encrucijada de caminos y esparcir a los cuatro vientos el contenido del sobre.
- Cuando las flores se marchiten hacer lo mismo o tirarlas a la basura.

4. RELACIONES FELICES CON LA FAMILIA

Felicidad en el hogar y reconciliación: Haziel (9)

- En los días de regencia de Haziel o en su horario, de 2.41 a 3.00 horas de la mañana.
- Extender sobre el altar una tela verde.
- Un jarrón de cobre a ser posible, y si no de cristal transparente, con once claveles blancos.
- Añadir objetos de cobre.
- Cuatro piedras verdes: olivino, venturina, malaquita y jade.
- Si se trata de armonizar un matrimonio, unir dos anillos con una cinta verde en la que se deben practicar dos nudos. Si hay que armonizar a padres e hijos, poner una argolla por cada miembro de la familia con el que se desee estar bien y atarlas con tantos nudos como personas haya representadas.
- Incluir en el altar una copa con agua y una cucharada de azúcar.
- Encender cuatro velas verdes.

- Leer el salmo de Haziel y hacer la petición en voz alta: «Haziel, te ruego crees armonía en este matrimonio o esta familia».
- Visualizar la armonía entre los miembros de la familia o entre los cónyuges.
- Sumergir en el agua con azúcar las piedras, los anillos o argollas atados y echar encima tantas gotas de cera de la vela como personas haya implicadas.
- Apagar la vela. Dar las gracias a Haziel y dejar la copa durante toda la noche en el altar. Si coincide que hay luna llena se puede sacar al alféizar de la ventana para que se impregne con la luz del satélite.
- Por la mañana, derramar el agua de la copa sobre los pies mientras nos duchamos.
- Guardar los anillos o argollas cerca de la cama para que actúen como talismán.
- Deshacerse de los claveles cuando se hayan marchitado.

5. ACEPTAR LOS CAMBIOS

Inicio de estudios, negocio o proyecto: Vehuiah (1)

- El 21 de marzo, durante el equinoccio de primavera, día de regencia de Vehuiah. O en su horario de regencia, de 0.00 a 0.20 horas.
- Extiende una tela roja sobre una mesa situada en un rincón discreto.
- Coloca sobre ella objetos de hierro.
- Un jarrón con nueve claveles rojos.
- Lee el salmo asignado a Vehuiah.
- Escribe en una cartulina roja la petición: «Vehuiah, ayúdame a comenzar esta nueva etapa de mi vida».
- Dobla la cartulina en dos y átala con una cinta roja.
- Enciende una vela roja.

- Derrama sobre el nudo de la cinta algo de la cera de la vela y también en sus extremos.
- Déjalo todo sobre el altar y apaga la vela.
- Puedes tener el altar así durante los siete días de una fase lunar. Después entierra la cartulina en una maceta o en el jardín. También puedes ponerla en una botella llena de arena hasta que se cumplan tus proyectos.

9.

«Vino el que yo quería,
el que yo llamaba (...)
sin arañar los aires
sin herir hojas ni mover cristales.
Aquel que a sus cabellos
ató el silencio.
Para, sin lastimarme,
cavar una ribera de luz,
dulce en mi pecho,
y hacerme el alma navegable.»

RAFAEL ALBERTI
Sobre los ángeles

Místicos y visionarios

«La cercanía de los ángeles –decía santo Tomás de Aquino– puede iluminar el pensamiento y la mente del ser humano fortaleciendo su visión de los mundos celestiales.» Cuando esto sucede nos encontramos historias y biografías de personas cuya relación con las entidades angélicas es muy estrecha. Místicos, visionarios, santos, artistas y poetas que nos han legado testimonios y descripciones que complementan lo ya ofrecido por las grandes religiones, los libros apócrifos o los gnósticos y hermetistas.

En los primeros siglos de nuestra era, místicos cristianos como san Pablo protagonizaron «viajes ultramundanos» en los que los ángeles les revelaban visiones del cielo o el infierno. Del mismo estilo y de la misma época son las obras que constituyen el *Corpus Hemerticum*, atribuidas a un mítico Hermes Trismegisto, el *Asclepio* o el *Poimandres*, en las que el protagonista recibe la iniciación de un ser de luz, en realidad, su «Naturaleza Perfecta». Muchas de estas experiencias contemplativas tenían lugar en estados de meditación profunda o duermevela.

A los ojos de nuestra mentalidad racional y de las exigencias científicas actuales, las visiones experimentadas y descritas en esta época, entre ellas las de Apuleyo de Tiana, Simón el Mago, Plotino o Jámblico, podrían aportar pruebas fidedignas acerca de la vida futura, la existencia de los ángeles, el cielo o el infierno. De ahí que haya cundido en la sociedad actual la tendencia de arrinconar a los ángeles como objetos inservibles o, como mucho, decorativos e infantiles.

Y sin embargo, como vamos a ver en este último capítulo, en ningún modo podríamos calificar de intelectos sugestionables o extravagantes absolutamente a todos aquellos que han revelado haber entrado en contacto con seres celestiales que, fundamentalmente, han iluminado sus vidas.

CABALISTAS Y SUFÍS

Algunos filósofos como el judío Filón de Alejandría (s. I) quisieron explicar las abundantes experiencias con visiones de ángeles de aquellos tiempos aduciendo que en realidad era Dios el que, bajo apariencia de un ángel, se muestra al ser humano. Idea retomada por san Agustín en el siglo IV pero no suscrita por las escuelas cabalistas o sufís, las cuales sí creen en estas entidades como seres individuales.

Las experiencias de los adeptos de estas corrientes místicas iban a generar durante los siglos X, XII Y XIII una extensa literatura visionaria. Entre los abundantes ejemplos baste citar al iraní Abu Yazid al Bistami (874-877 d. J.C.), fundador del sufismo extático, cuya ascensión o *miraj* al mundo angélico fue recopilada por el poeta Farid al Din Attar (1230). Y al también iraní Shoravardî (1155-1191), otro místico sufí llamado «el Oriental», cuya doctrina tuvo la particularidad de resucitar la sabiduría de la antigua Persia y reformularla desde el pensamiento islámico. La tradición de los ángeles zoroastrianos, guías de la humanidad, adquiere una relevancia inusitada en sus obras convirtiéndose en el núcleo central de toda transformación de la persona. La divulgación en Occidente de sus «encuentros visionarios con los ángeles» la debemos al islamólogo francés Henry Corbin. En todos sus relatos: *El arcángel teñido de púrpura, El rumor de las alas de Gabriel* o *Relato del exilio occidental,* Shoravardî, por medio de símbolos, explica cómo puede el ser humano reencontrar y unirse a su ángel personal, «su guía de luz», que es en realidad su dimensión trascendente, su «testigo en el cielo», su mitad olvidada tras el destierro edénico.

En cuanto a los cabalistas, los más influyentes de esa época fueron precisamente españoles, como el gran místico sefardí nacido en Zaragoza Abraham Abulafia (1240-1291), el cual defendía que el hombre en estado de éxtasis tiene acceso a su ser profundo. Y quería popularizar un método de conocimiento místico llamado «Camino de las ideas», complementario del «Camino de las *sefirot*». Más allá de técnicas y de ascetismos autoimpuestos, parece que otras personas han entrado en contacto con los ángeles aun sin proponérselo.

LAS HERMANAS DE LOS ÁNGELES

En la temprana Alta Edad Media la salvación del ser humano fue reservada a Cristo, pero los ángeles custodios continuaron ejerciendo gran influencia, sobre todo en los conventos cristianos, donde la relación de las religiosas con los ángeles iba a cobrar gran protagonismo. Es el caso de Hildergarda de Bingen (1098-1179), mística y abadesa alemana que, tras experimentar numerosas visiones –la primera a los tres años–, recibió de los mismísimos ángeles la orden de escribir sobre ellas y compartirlas: «Vivía estos episodios conscientemente, sin perder los sentidos ni sufrir éxtasis... Pero no con los ojos del cuerpo, sino con los del espíritu». Describió haber contemplado luces, imágenes, formas y colores que «tocaron su alma», acompañados de voces y de música. En su obra *Conoce los caminos* relata sus experiencias sobrenaturales.

La estela de Hildergarda fue seguida por otras monjas y beatas, la mayoría de ellas italianas. Ángela de Foligno (1248-1309), la «novia perfecta de Cristo», que dijo haber obtenido gran felicidad con sus visiones; santa Agnes de Montepulciano (1247-1317), que recibió diez veces la comunión de manos de un ángel; santa Rosa de Viterbo (1235-1252), a la que los ángeles le permitieron predecir sucesos futuros como la muerte del emperador Federico II; santa Clara de Montefalco (1275-1308), a la que en reiteradas ocasiones se aparecieron ángeles adolescentes alados; o su hermana, Juana de Montefalco, cuyo aposento irradiaba luz durante las visiones y que contempló coros celestiales entonando una música paradisíaca oída también por otras hermanas de su comunidad. Otras, como Francisca de Roma (1384-1440) y su cuñada Vannuza, fueron salvadas de morir ahogadas en el Tíber por un ángel niño.

Y en España, santa Teresa de Jesús (1515-1577) dejó por escrito visiones y éxtasis: «... aunque muchas veces se me presentan sin verlos... otras veía un ángel (...) en forma corporal... No era grande, sino pequeño, hermoso, el rostro encendido (...) en las manos un dardo largo de oro, y al fin del hierro (...) un poco de fuego...». Fuego que hería su corazón y dejaba a la santa abrasada de amor a Dios, con un dolor que ella describía como espiritual. Los ángeles también escribían para santa Teresa. Una de las monjas de su convento reveló haber visto un día cómo, mientras Teresa meditaba, una pluma se introducía por sí misma en el tintero sobre su escritorio para redactar sus memorias sin que la mano de la santa la guiara.

LUGARES Y APARICIONES DEL ARCÁNGEL MIGUEL

Desde la temprana Edad Media las apariciones del arcángel Miguel han dejado un rastro que une puntos tan distantes como la costa norman-dobretona y la adriática.

En el siglo VIII, después de ver en tres ocasiones a este arcángel, el obispo de Arranches hizo construir un santuario en una colina graní-tica situada en medio del mar a modo de isla en Normandía. El lugar, hoy conocido como Mont Saint Michel, era accesible hasta hace poco sólo durante la bajamar, algo que le prestaba un aura de misterio y magia.

Siglos antes, en el año 490, un noble de la región del monte Gar-gano que había perdido un toro, un bello ejemplar, lo halló a los tres días atascado y de rodillas ante una cueva de difícil entrada. Para que no sufriese, el dueño intento matar al animal con una flecha envenena-da, pero el dardo rebotó y fue a dar al propietario, que acabó herido y sangrando.

Informado del suceso el obispo de Siponto, Laurentius Maioranus, pidió a la población que ayunara durante tres días para recibir una respuesta a este misterio. A la tercera noche, durante su oración noc-turna, el obispo vio al arcángel Miguel sumido en un gran brillo y oyó estas palabras: «Quise probar con ese acontecimiento insólito que todo cuanto sucede en esta cueva es por voluntad divina». La gruta, con-sagrada por el arcángel, se consolidó como lugar de peregrinación y milagros a partir de entonces. En 1371, cuando la gran mística sueca santa Brígida la visitó, oyó el canto celestial de los ángeles y obtuvo una visión profética de la decadencia de su culto. «Los ingratos se darán cuenta de la pérdida que sufren al olvidarse de los ángeles...».

No obstante, el arcángel Miguel no se olvidó de la población de la zona y volvió en 1655 para salvarlos de la peste. Esta vez, ante las invocaciones del obispo Alfonso Puccinelli, se presentó para indicar a los fieles, como remedio contra la enfermedad, que se llevaran piedras de la cueva a su casa y trazaran una cruz sobre ellas. La cura fue infalible. Un obelisco erigido en la antigua plaza del pueblo del Monte Sant 'Angelo da constancia y gratitud por ello.

LOS EJÉRCITOS CELESTIALES

Capitán de los ejércitos celestiales, el arcángel Miguel parece haber tomado parte también en alguna que otra batalla terrenal. A principios del siglo XV una campesina de doce años a la que hoy conocemos como Juana de Arco (1412-1431), la Doncella d' Orleáns, recibió su visita y la de dos santas, Catalina y Margarita, instándola a salvar a su país, entonces inmerso en la guerra de los Cien Años, que enfrentaba por el trono de Francia al delfín Carlos, primogénito de Carlos VI, con Enrique VI de Inglaterra. Tras conseguir ser creída por teólogos y nobles, Juana cabalgó portando el estandarte del ejército francés que, el 8 de mayo de 1429, levantó el cerco de Orleáns y consiguió que el delfín se erigiera en rey como Carlos VII.

Capturada un año después por el duque de Borgoña, anglófilo y enemigo del rey francés, Juana fue entregada a los ingleses y juzgada en Ruan por un tribunal inquisitorial que la condenaría a morir en la hoguera acusada de brujería. Ejecutada el 30 de mayo de 1431, en 1456 fue rehabilitada solemnemente por el papa Calixto III a instancias de Carlos VII, quien promovió la revisión del proceso. Beatificada en 1909, acabó siendo canonizada en 1920, año en que Francia la proclamó su patrona.

Algunas leyendas bélicas, que entre otros escritores el autor galés Arthur Machen aprovechó en su relato corto *The Bowmen* (Los arqueros), sitúan a las huestes angélicas en la primera guerra mundial. Al parecer, el 23 de agosto de 1914, durante el enfrentamiento habido entre los soldados del káiser y los aliados en Mons, Bélgica, algunos testigos afirmaron que san Jorge y un ejército de arqueros fantasmas lucharon junto a ellos. Algunos soldados aseguraron también haber visto al arcángel Miguel dirigiendo un ejército sobrenatural. Mientras que otros aseguraron que los ángeles, como habían hecho otras veces en el Antiguo Testamento, extendieron una cortina de luz protectora alrededor de las tropas británicas. La veracidad de estos testimonios no puede ser contrastada y no falta quien opina que los relatos pudieron obedecer a una forma de propaganda deliberada de los vencedores para dar más relevancia a la batalla.

ESTIGMAS Y PROFECÍAS

Por alguna razón aún inexplicada, los ángeles han reaparecido en nuestro siglo para infligir estigmas –heridas semejantes a las de Cristo durante su Crucifixión– al célebre beato italiano Pío de Pieltrecina (1887-1968), al cual también otorgaron los dones de la bilocación –aparecer en dos lugares a la vez– y la profecía. El padre Pío auguró a un joven Karol Wojtyla que sería el futuro papa Juan Pablo II (1978-2005), y le predijo asimismo el atentado que habría de sufrir en el año 1981. El ángel que entraba en comunicación con Pío le practicó las heridas con «una lanza de metal de punta muy afilada y llameante» que le causaba un intenso dolor. No dijo su nombre, pero según relató el beato, era «de una belleza infrecuente y reluciente como el sol». Se dice también que los ángeles permitían a Pío conocer los secretos de quienes se confesaban con él. Así como hablar en lenguas extranjeras. Aunque la veracidad de su historia ha sido puesta en duda por sectores críticos y escépticos, fue aceptada por la Iglesia y beatificado, en el año 2002, por el papa Juan Pablo II.

Su caso no es el único que reúne ángeles y estigmas. Es de destacar también el de la mística alemana Teresa Neumann (1898-1962). Procedente de familia de campesinos, tras sufrir una grave enfermedad empezó a tener visiones todos los viernes. Los estigmas le empezaron a aparecer en 1926, y a raíz de ello, durante treinta y seis años no ingirió otro alimento que la Sagrada Comunión. Se le atribuye también el don de la bilocación y el de lenguas. La Iglesia católica, sin embargo, no ha reconocido oficialmente hasta hoy sus experiencias.

CREATIVIDAD ARTÍSTICA: MÚSICOS, PINTORES, POETAS

Desde que Dante Alighieri recreara, tras una visión, el aspecto del mundo invisible en su *Divina Comedia* (1304-1321), han sido muchos los músicos, pintores y poetas que han confesado haber sido visitados o inspirados por los ángeles para sus creaciones. Así, el alemán Georg Friedrich Händel (1685-1759) dijo haber recibido la inspiración celestial para componer su *Mesías* en veinticuatro días en los que apenas durmió ni comió. Y el compositor austríaco Joseph Haydn (1732-1809) afirmó que su gran oratorio, *La creación*, le fue inspirado por ángeles.

Poetas como el checo Rainer Maria Rilke (1875-1926) o el español Rafael Alberti (1902-1999) han dejado traslucir su fascinación por el diálogo con los ángeles en textos como *El ángel protector* y *Poemas sobre ángeles,* respectivamente.

Si bien, de todos los artistas visionarios, quizá el más insólito haya sido el poeta, pintor y grabador inglés William Blake (1757-1827). Muy precoz en sus visiones, a los nueve años afirmó haber visto un sinfín de ángeles adornando un árbol con destellos como estrellas en cada rama. En la adolescencia confesó haber observado a los segadores trabajando y «figuras angelicales caminando entre ellos». Aseguraba conversar a menudo con el arcángel Gabriel, que le habría inspirado sus «libros proféticos»: *Libro de Tel, Matrimonio de cielo e infierno, El libro de Urizen, América, Milton y Jerusalén*, en los que expresa su preocupación por liberar al alma de las cadenas de la razón y los dogmas de la religión oficial. Convertido ya en pintor y poeta contempló, en la abadía de Westminster, una gran procesión de monjes y sacerdotes «que caminaban bajo el sonido de un canto litúrgico y una coral». El arte pictórico de Blake, aplicado a obras ajenas como el *Paraíso perdido* de Milton y la *Divina Comedia* de Dante, o a propias como su particular visión del bíblico *Libro de Job*, tuvo como resultado ilustraciones ricas en simbolismo cuya fuerza y gran belleza están aún vigentes.

LOS ESCRIBAS DEL MUNDO ANGELICAL

Williamk Blake, el escritor alemán Johan W. Goethe, el psicólogo suizo Carl G. Jung o el antropósofo austríaco Rudolf Steiner fueron, al igual que otros muchos, notablemente influenciados por la obra de un reputado científico sueco, el barón Emmanuel Swedenborg (1688-1772). Éste había escrito más de cien libros sobre temas científicos de la más diversa índole –desde la función de las glándulas endocrinas al estudio de la cristalografía–, cuando, a los cincuenta y seis años, comenzó a experimentar visiones de seres espirituales. Abandonó su fulgurante carrera científica para dedicarse a escribir todo cuanto aprendió del mundo invisible. Y son estas obras, entre ellas *Secretos Celestes* (1747) o *Cielo e Infierno* (1758), las que han perdurado hasta hoy. En ellas describe que los ángeles hablan en un lenguaje sincero y cargado de amor absoluto e incondicional hacia nosotros, que no tienen poder propio pues todo viene de Dios, y que la percepción de mundos espirituales es proporcional a la capacidad del receptor, dependiendo de su bondad y honestidad. Durante veintiocho años, hasta su muerte, que él mismo predijo pues los ángeles le comunicaron con anticipación la fecha, estuvo rodeado de sus acompañantes celestiales. Se comunicaban con él a través de sus pensamientos, pero también podía verlos como seres de una luz blanquísima o irisada, rodeados de flores de distintos colores. Su vida y obra influyeron en todos los ámbitos relevantes de su época, desde la realeza a filósofos como Emmanuel Kant, que, en *Sueños de un visionario* (1776), cuenta los casos de predicción más célebres protagonizados por Swedenborg.

Al igual que Swedenborg, el austríaco Rudolf Steiner (1861-1925) iba a dejarnos por escrito sus conversaciones con los ángeles que mantenía desde los ocho años, aunque no lo contó hasta los cuarenta. Respetado en los círculos esotéricos, creador de la Sociedad Antroposófica y de un nuevo sistema de enseñanza, impartido aún hoy en las escuelas Waldorf, estableció su propia jerarquía de ángeles distinta a la de Dionisio Aeropagita, demasiado compleja para describirla en detalle. Cabe destacar, no obstante, que, según sus revelaciones, cada ser humano tiene un ángel que lo guía a través de sucesivas encarnaciones, ya sea en este planeta o en otros planos de existencia. En cualquier caso, tanto Steiner como Swedenborg parecen haberse interesado más por la organización angélica y los mensajes que sus ángeles les daban que por el fugaz contacto con la divinidad que la relación con ángeles otorga y que proporciona, como místicos y santos han descrito en tantas ocasiones, un amor infinito, arrollador y apasionado.

LOS AMIGOS MÁS FIELES

El sacerdote francés *père* Jean Lamy (1853-1931) fue agraciado con numerosas visiones de ángeles que dejaron en su alma el sabor de este tipo de éxtasis reservados a las almas puras. Lamy veía a los ángeles con atuendos «de una blancura sobrenatural que no puede compararse con la terrenal... Envueltos en una luz diferente a la nuestra... Al ver a cincuenta juntos pierdes el sentido, parecen cubiertos con láminas de oro que se mueven constantemente como múltiples soles».

Vicario de La Courneuve, un pequeño municipio al nordeste de París, y fundador, al final de su vida, de la Congregación de los Servidores de Jesús y de María. Según su propio testimonio conversaba regularmente con su ángel guardián, que le otorgaba visiones del pasado y del futuro. Con ayuda de este ser celestial era capaz de realizar grandes esfuerzos, moverse de un lugar a otro sin darse cuenta de cómo lo había hecho y de escapar a la fatiga. También mientras daba la Extremaunción a numerosos soldados heridos durante la primera guerra mundial, pedía a sus ángeles que los cuidaran, y muchos de ellos mejoraban milagrosamente salvándose de una muerte segura. Más allá de la estética luminosa de sus visiones o la bondad de su corazón, el legado más importante de Lamy fue su insistencia en que conectáramos con nuestros ángeles: «No damos a los ángeles la importancia que tienen; no les rezamos lo bastante. Una pequeña plegaria por la mañana y otra por la noche serían suficientes. Ellos nos están mirando como a pequeños hermanos indigentes: su bondad con nosotros es muy grande, nada es tan fiel como un ángel».

¿PODEMOS CONVERTIRNOS EN ÁNGELES?

La cuestión de si podemos convertirnos en ángeles es tan controvertida como la misma existencia de éstos, negada por racionalistas y agnósticos.

Doctrinas como la espiritista sostienen que si bien podemos alcanzar un elevado grado de perfección nunca nos convertiremos en ángeles, pues ellos están en la escala más alta de la evolución.

Sin embargo, la mayoría de las corrientes místicas apuntan hacia lo contrario, incluido el cristianismo. Aunque, según el Nuevo Testamento, parece que habrá que esperar a la resurrección de los muertos, pues sólo tras ella: «... ni los hombres tomarán mujeres ni las mujeres maridos, sino que serán como los ángeles de Dios en los cielos"» (Mat. 22:30).

Para otros no es preciso esperar tanto. En su *Tratado sobre la Emigración de Abraham*, Filón de Alejandría dejó dicho que gracias al «don angélico», al final del camino el iniciado se convertirá en el iniciador. Y también para Swedenborg podemos alcanzar las alas antes del Día del Juicio final: «el hombre ha sido creado para llegar hasta el cielo y convertirse en ángel» sin importar su profesión de fe. Basta que haya llevado una vida moral y en su corazón aniden la bondad, la fe y el amor.

En otras corrientes místicas la unión puede producirse durante esta vida. Así, en la Cábala se habla de un ser gemelo e invisible en el que nos hemos de convertir tras purificar nuestra naturaleza material. Y según el gnosticismo hermético o el sufismo el ser humano podrá transformarse en el ser de luz que desde la Caída permanece en el exilio cuando consiga aniquilar sus deficiencias instintivas y desarrolle su naturaleza perfecta. Según Sohravardî, hacernos uno con el ángel personal es la vocación y destino de todo ser humano, si bien puede ser aceptada o rechazada. Si es aceptada, el encuentro puede acaecer en esta vida, en un espacio intermedio entre lo inteligible y lo sensible, en el reino cabalístico de Maljut o inmanencia divina, donde los sentidos físicos se adormecen para que los «sentidos» del espíritu se despierten. Es la Tierra Mística de las Esmeraldas, la cima de la montaña cósmica llamada Qaf donde, según la tradición oriental, se dan cita los peregrinos que han encontrado su luz interior.

Por último, teorías surgidas al calor de la Nueva Era defienden que estamos habitados por una energía que podemos purificar mediante técnicas de meditación que modifiquen nuestro estado de conciencia y faciliten la conexión con la esencia angelical.

En cualquier caso, no deja de ser extraño que en la era del materialismo, la ciencia y la tecnología, el interés por los ángeles no deje de crecer. Cada vez son más las personas que experimentan en su vida la influencia de estos seres y dan fe de ello con sus testimonios.

Las profecías de los textos bíblicos y apócrifos explicitan que, al final de los días, Dios enviará a sus ángeles a la Tierra para ayudarnos a evolucionar más rápidamente. Quizá estas predicciones se están cumpliendo y la presencia de los ángeles irrumpe con más fuerza ahora en nuestra sociedad para contrarrestar el materialismo exagerado que, poco a poco pero sin remisión, amenaza con extinguir la llama del espíritu.

Intentar ser más conscientes de la proximidad de los ángeles puede ser nuestra pequeña contribución a la batalla silenciosa que se libra en los mundos invisibles. Y, en todo caso, interesarnos por cuáles son nuestros ángeles tutelares y aprender a conectar con ellos nos servirá para mejorar la calidad de nuestra existencia y tener propósitos más elevados, desarrollar nuestra sabiduría, entendernos mejor a nosotros mismos, perfeccionarnos como personas y hacer más felices a los demás.

Índice alfabético de la ayuda que prestan los 72 genios*

(*) El número del ángel figura entre paréntesis

Curación física o psíquica: Lelahel (6)

Cambios laborales ventajosos: Ajaiah (7)

Cólera propia o ajena, protección: Lehahiah (34)

Conjurar energías negativas: Mikael (42)

Consuelo en malos momentos: Daniel (50)

Convalecencia rápida: Habuiah (68)

Corazón, enfermedades protección: Sealiah (45)

Cosechas abundantes: Omael (30) y Lecabel (31)

Crisis profesionales, evitar: Elemiah (4)

Culpa, liberarnos: Pahaliah (20)

Curación en general: Arial (46)

Derechos perdidos, recuperar: Jabamiah (70)

Desesperanza, vencer: Leuviael

Detectives y policías, ayuda: Haaiah (26)

Deudas, cobrar o pagar: Yelahiah (44)

Dinero, generar: Yelahiah (44)

Discapacitados, hijos, cuidar: Mitzrael (60)

Distinción por méritos propios: Nanael (53)

Editar lo escrito: Yeiazel (40)

Editoriales, éxito: Harahel (59)

Elocuencia, poder de convicción: Daniel (50)

Emociones negativas, combatir: Hahasiah (51)

Empleo, obtener: Menadel (36)

Enfermedades mentales, depresión: Rehael (39)

Engaños y fraudes, protección: Hahaiah (12)

Envidia, alejar personas: Jeliel (2)

Iniciar una nueva vida: Haziel (9)

Inocencia, demostrar: Caliel (18)

Liberación de los oprimidos: Mebahel (14)

Liberación malos hábitos: Ariel (15)

Longevidad: Nithael (54)

Magia negra, protección: Nelkhael (21)

Mal de ojo y sortilegios, protección: Cahetel (8)

Malentendidos, contra: Veuliah (43)

Marítimos, negocios, proteger: Damabiah (65)

Matrimonio afortunado: Lelahel (6)

Matemáticas, aprender: Nelkhael (21)

Médicos eficaces y competentes: Hahasiah (51)

Memoria, reforzar: Yezalel (13)

Militares, éxito en la carrera: Haiaiel (71)

Naufragios y tormentas protección: Iaiel (22)

Negatividad, salir de: Manakel (66)

Niños, protección: Mebahiah (55)

Objetos perdidos o robados: Rochel (69)

Oposiciones a judicatura o abogacía: Vasariah (32)

Padres e hijos, comprensión: Yehuiah (33)

Paz en países en guerra: Haaiah (26)

Paz y libertad, propagar: Yerazel (27)

Paciencia ante calamidades: Ajaiah (7)

Pensamientos negativos: Yerazel (27)

Pérdida ser querido, superar: Haheuiah (24)

Pérdida de objetos, protección: Anauel (63)

Perdón malas acciones involuntarias: Haheuiah (24)

Pescadores, proteger: Damabiah (65)

Poder y reconocimiento: Lauviah (11)

Poderes sobrenaturales: Jabamiah (70)

Política, estabilidad: Nithael (54)

Presos, recursos legales: Imamiah (52)

Procesos ruinosos, protección: Javakiah (35)

Prosperidad en los negocios: Veuliah (43)

Productividad en el negocio: Habuiah (68)

Reconocimiento social: Mitzrael (60)

Recuperar el cariño de la pareja: Haziel (9)

Relaciones armoniosas: Mahasiah (5)

Relaciones dañinas, finalizar: Lauviah (11)

Rencor, eliminar: Haziel (9)

Responsabilidades profesionales: Sitael (3)

Restablecer concordia: Sitael (3)

Reconquistar lo perdido injustamente: Mebahel (14)

Rigores de la guerra, contra: Seheiah (28)

Romper con adicciones: Cahetel (8)

Sacerdocio, vocación: Nanael (53)

Salud, gozar de: Sealiah (45)

Sentencias justas: Jeliel (2)

Sociedades, crear: Asaliah (47)

Soluciones lógicas: Yeialel (58)

Talismanes benéficos: Umabel (61)

Tesoros, descubrimiento: Arial (45)

Bibliografía

La clave de los grandes misterios. Eliphas Lévi. Editorial Cultura. 1950.

Sagrada Biblia. Traducción J. M. Petisco. Publicada por D. Félix Torres Amat. Editorial Maucci. 1960.

El problema del mal. Herbert Haag. Editorial Herder. 1981.

El esoterismo como principio y como vía. Frithjof Schuon. Editorial Taurus. Madrid. 1982.

Gran Enciclopedia de la Magia. José María Kaydeda. Unión Aragonesa del Libro. 1984.

El libro de Henoc. Ediciones Roca. 1984.

Orfeo. H.ª general de las religiones. Salomón Reinachs. Ediciones Istmo. 1985.

Athanasius Kircher. Joscelyn Godwin. Editorial Swan. 1986.

Cielo e infierno. Emmanuel Swedenborg. Grupo Libro. 1991.

La filosofía perenne. Aldous Huxley. Ediciones Edhasa. 1992.

Más allá de este mundo. Ion P. Couliano. Ediciones Paidós. 1993.

La clave para comprender la ciencia cabalística. Lenain. Editorial Humanitas. 1995.

La presencia de Dios. Sebastián Vázquez. Editorial Edaf. 1996.

El hombre de luz en el sufismo iranio. Henry Corbin. Siruela. 2000.

El Mensaje del Qur'an. Traducción del árabe de Muhammad Asad. Junta islámica. 2001.

El encuentro con el ángel. Sohravardî. Henry Corbin. Editorial Trotta. 2002.

Filosofía Oculta. Cornelio Agrippa. Editorial Kier. 2004.

El secreto de Muhammad. Abelmumin Aya. Editorial Cairos. 2006.

El Zohar. Moisés de León. Edit. José J. De Olañeta. 2006.

La Cábala. Dr. Encausse Papus. Editorial Humanitas. 2013.